U0614272

新媒体视角下新闻传播研究

付佳静　郎　琪◎著

吉林人民出版社

图书在版编目（CIP）数据

新媒体视角下新闻传播研究 / 付佳静，郎琪著 .
长春 : 吉林人民出版社，2024. 11. -- ISBN 978-7-206-
21706-7

Ⅰ . G219.2

中国国家版本馆 CIP 数据核字第 20245DU375 号

责任编辑：李相梅
封面设计：王　洋

新媒体视角下新闻传播研究
XIN MEITI SHIJIAO XIA XINWEN CHUANBO YANJIU

著　　者：付佳静　郎　琪
出版发行：吉林人民出版社（长春市人民大街 7548 号　邮政编码：130022）
咨询电话：0431-82955711
印　　刷：三河市金泰源印务有限公司
开　　本：787mm×1092mm　　　1/16
印　　张：9.25　　　　　字　　数：161 千字
标准书号：ISBN 978-7-206-21706-7
版　　次：2024 年 12 月第 1 版　　印　　次：2025 年 1 月第 1 次印刷
定　　价：78.00 元

前　言

在当今这个数字化盛行的时代，从新媒体的角度去探究新闻传播具有非凡的重要性。由于互联网与社交媒体的广泛渗透，新闻传播的手段已经历了颠覆性的变革，传统媒体的主导地位不复存在，新媒体已跃升为信息传播的关键途径。新媒体的崛起不仅革新了人们接收信息的模式，同时也对新闻传播的表现形态及其内容产生了深远的效应。

首先，新媒体的涌现极大地加快了新闻的传播速度，扩大了其覆盖范围，并增添了传播的多样性。借助互联网和社交媒体这两个强大的平台，新闻得以即时性地跨越国界，送达至全球各个角落，成功打破了以往时间与空间的束缚，确保了信息能够飞速抵达更庞大的受众群体。而且，新媒体平台的多元化特性还为新闻传播带来了更加多元化的呈现方式，包括文字叙述、图片展示、视频记录及实时直播等，这些丰富的表达手段不仅充实了新闻的展现形式，也显著增强了传播的效能。

其次，从新媒体的角度审视新闻传播研究时，还着重探讨了新闻的真实性及传播效果的相关问题。步入新媒体时代，信息的真实性频繁受到挑战，假新闻与谣言如洪水般泛滥。因此，如何在这样一个环境下确保新闻内容的真实性，成为亟待解决的重要研究课题。与此同时，新媒体平台所采用的算法推送机制也在很大程度上左右着信息的传播成效。个性化推荐系统的运用，虽然使得用户能更便捷地获取到符合其个人兴趣及观点的信息，但这也引发了信息茧房和信息过滤的隐忧。

除此之外，新媒体视角下的新闻传播研究还触及了用户参与及互动这一层面。在新媒体平台上，用户不再仅仅扮演被动接收信息的角色，而且拥有了参与新闻内容创作与传播的机会。用户生成内容（UGC）的流行，使得新闻生产过程变得更加民主化，进一步丰富了信息的种类和观点的多样性。这一现象不仅对传统媒体的运作模式构成了挑战，也为新闻传播研究开辟了新的思考维度。

概括而言，新媒体视角下的新闻传播研究广泛涵盖了传播方式、内容构成、真实性验证、传播成效，以及用户参与度等多个维度。步入新媒体时代，传统媒体与新兴媒体间形成了相互影响、相互渗透的融合态势，新闻传播的整个生态系统正经历着深刻的转型。因此，深入剖析新媒体视角下的新闻传播，揭示其内在规律与特性，对于把握当代新闻传播的本质、促进新闻传播理论的进步与实践的创新具有深远的意义。然而，新媒体时代下的新闻传播也暴露出诸多问题，例如言论的过度自由导致了虚假信息的泛滥。因此，我们需要全面审视新媒体背景下的新闻传播发展，唯有更有效地引导新闻传播，方能确保其更好地服务于广大民众。

目　录

第一章　新媒体概述 …………………………………………… 1

    第一节　新媒体的内涵、特征与分类 ……………………… 1

    第二节　新媒体的功能与意义 ……………………………… 22

    第三节　新媒体的发展历程与现状 ………………………… 25

    第四节　新媒体的发展趋势 ………………………………… 31

第二章　新闻传播概述 …………………………………………… 38

    第一节　新闻传播的起源与发展 …………………………… 38

    第二节　新闻传播的概念与特点 …………………………… 56

    第三节　新闻传播的本质与结构 …………………………… 68

    第四节　新闻传播的公开原则 ……………………………… 76

    第五节　新闻传播的基本功能 ……………………………… 86

第三章　新媒体时代新闻传播发展研究 ……………………… 98

    第一节　新媒体时代新闻传播的方式 ……………………… 98

    第二节　新媒体时代新闻传播的特征 ……………………… 101

    第三节　传统媒体在新媒体时代新闻传播中扮演的角色 … 104

    第四节　新媒体语境下新闻传播方式的变化及应对 ……… 106

    第五节　新媒体环境中新闻传播者的专业素养 …………… 115

第四章　新媒体时代网络新闻传播研究 ················· 121

　第一节　我国的网络新闻传播及其失范与表现 ············· 121

　第二节　新媒体时代网络新闻正能量传播效果的提升 ········· 127

参考文献 ······································· 136

第一章　新媒体概述

第一节　新媒体的内涵、特征与分类

一、新媒体的内涵

（一）新媒体构建在数字传播技术基础之上

媒体，简而言之，就是能够将信息从一处传送至另一处的中介或平台。无论是传统媒体还是新兴媒体，从传播的角度来看，它们都是人类在社会生产和日常生活中发明并创造出来的，用于实现信息交流的工具。换句话说，媒体的核心功能在于促进人类社会之间的信息传播，实现社会传播的目的才是媒体存在的根本意义。

"新媒体"究竟指的是什么？是互联网的第一代（Web1.0）还是第二代（Web2.0）？是数字电视还是基于 IP 的电视？是手机报纸、手机电视或手机上网等手机媒体形式，还是车载或移动多媒体广播？实际上，我们在理解新媒体时，不能仅局限于某种特定的媒体形态或单纯从技术分类的角度去理解。新媒体是数字技术、新型信息传播应用形态与媒体三者深度融合发展的结果。在思考新媒体时，我们必须将这三者视为一个整体，不能割裂开来。如果仅从技术角度出发来定义新媒体，可能会使我们陷入不断追逐技术进步的误区，从而忽视了媒体的本质属性；而如果仅从新旧的角度来区分，又可能会忽略新旧媒体之间复杂而紧密的联系。

数字传播技术让媒体在内容生产、集成、传输、分发、接收方式及终端上都发生了变革，既推动了传统媒体创新信息传播方式，也催生了全新的媒体形态。

随着数字技术的持续进步，新媒体作为一种创新性的信息传播应用形态，在媒介领域应运而生。这一演变过程，实质上是数字传播技术在媒体领域不断演进与发展的结果。在媒体内容形态上，得益于数字传播技术的支持，原本传统的图片、音乐、声音、视频等元素得以更加生动逼真地呈现，且能够以交叉多元的方式自由组合与运用。由此，我们见证了这些元素逐渐蜕变为数字电影、数字视频、数字音乐等一系列新兴形态。同时，在接收终端方面，随着智能化技术的飞速发展，人们告别了以往那种被动、受限于播出时间的旧式接收设备，转而迎来了能够主动、自由地获取和消费信息的新型终端。这些新终端不仅支持点播、回看等多样化功能，还集成了支付、游戏等丰富应用，极大地提升了用户体验。

（二）新媒体是新传播形态的构建

从信息传播的角度来看，新媒体与传统或旧媒体一样，都属于媒体范畴，是人类在社会生产活动中用于交流信息的工具和方法。得益于技术的支撑，新媒体为信息的传播者和接收者提供了更大的自由度与便利性。

新媒体开创了一种前所未有的传播方式。传统媒体遵循二分法原则，将世界简单划分为生产者与消费者两大群体，人们要么是创作者，要么是读者；要么是广播者，要么是听众；要么是表演者，要么是观众。传统媒体采取的是一对多的单向传播模式。然而，数字新媒体却打破了这一界限，在数字传播技术的推动下，实现了从一对一到多对多的多样化传播。在这种模式下，每个人都不仅有机会"倾听"，更具备了"发声"的条件，从而在传播过程中同时扮演着传播者和接收者双重角色。

（三）新媒体是一个用户群体离散和重聚的动态过程

新媒体并非一个固定的概念或静止的状态，而是一个伴随着用户群体不断分散与重新聚合的动态过程。这个过程的核心在于，新媒体不断满足用户个性化信息需求的同时实现去中心化，而当用户群体出现新的共性化信息需求时，又会经历再中心化的过程。这一系列的演变是由新媒体及其产业的持续进步所推动的，并且预示着未来的发展趋势。

就用户群体的维度而言，新媒体深刻体现了"分与聚"的辩证统一关系。传统营销理论往往倾向于从"分"的角度审视消费者，并以此解决市场问题，但过度且无休止地细分也会遭遇难以逾越的障碍。因此，市场中的消费者在消费行为上也展现出了分化与重聚的辩证统一特性。新媒体在一定程度上强化了这一观点：一方面，终端日益多样化，用户群体的信息需求逐渐呈现出分众化的趋势，内容和业务的分发也趋向碎片化；另一方面，新媒体通过多重传输网络的融合，催生了新的传播形态和方式。更重要的是，新媒体能够对这些碎片化的用户群体进行重新聚合，将已经或曾经细分的用户再次集结起来，形成新的社群概念。这便是一个重聚的过程，诸如新媒体中的社区、论坛、团购等形式，便是这种重新聚合起来的群体体现。

二、新媒体的特征

新媒体的传播手段远比传统媒体先进，能够给现代人提供更具个性化的服务，其使用方法也更方便。

（一）新媒体的技术特征

1. 数字化

新媒体的核心技术特征是通过运用数字技术，把人类生活中的文本、语音、图画、影片等多种形式的信息全部转化成由"1"和"0"组成的二进制代码。这种转化统一了信息传输形式，大大地精简了信息的复制及传递流程，同时还提升了信息的处理效率。这个变化对传统人际信息流通模式产生了重大影响，有力推动了媒体行业的进一步发展。现在，信息传播仍在沿用这种数字化方法。这为信息全球化的趋势创造了有利条件。

2. 扁平化

受新媒体影响，所有与新媒体相关的人或事物皆呈现出"扁平化"状态，也就是说人们在信息的传输与接收上的机会趋近平等。新媒体的出现使得传统社会中汇集各方信息的社会信息中心的作用逐渐削弱，同时也为过去因地处偏远而无法收发消息的人群搭起了信息渠道。相较传统媒体，新媒体的"扁平化"特征显而易见。无论是传播还是接收信息，人们皆拥有同等的机会参与其中。基于新媒体，众多从商者能更快地寻觅到商业伙伴，以遵从业界规则为底线，以平等的方式开展协作或与其他企业展开竞争。此外，新媒体的发展还扩大了企业的协作及竞争场所，线上合作或线上商业纷争成为很多企业的经营日常。

3. 两极化

综览新媒体的发展历程可以发现，新媒体终端的载体正变得越来越微型化，但是它们的功能却出奇地一直在增加，像计算机的发展过程就是一个很好的例子。世界上第一台电子计算机"电子数字积分计算机（ENIAC）"是一台占地170平方米，重达30吨的庞然大物，而今天人们常用的平板电脑却缩小到如同小学生作业练习本一般大小。英特尔创始人之一戈登·摩尔提出，集成电路中的晶体管数量每隔 18 个月到 24 个月便会增加一倍，这就表示其工作性能也会伴随这个时间周期发展不断翻倍。在尽量控制成本涨幅的前提下，使芯片中容纳更多的晶体管，有更强的性能，这便是网络终端设备发展体积缩小这一趋势的主因。与这一趋势相反，互联网的覆盖范围却在不断扩大，相比于刚诞生那会儿只有 4 个节点的互联网，如今的互联网已能基本覆盖全球，其受众数量也已提高到约全世界人口三分之二的程度。

4. 集成化

新媒体设备能提供的功能越来越多。这些设备不只是能够迅速、高品质地转移和传递信息，方便人们把脑内想法转换为可传达给他人的信息，并且拥有许多额外的功能。比如利用电脑进行办公，观影，甚至玩游戏，这些均已成为电脑的必备功能。将这些多样化的功能整合到一个终端上，正是为了满足人们追求生活便捷性的需求。

5. 开放性

新媒体的开放性特征主要体现在与其相关的技术应用和人类社交活动中。总体而言，新媒体的开放性具体表现在以下三方面。

（1）API（应用程序接口）开放

旨在充分发挥并加强互联网在社会交往与交流中的作用。这一开放举措吸引了众多互联网应用开发者的浓厚兴趣。对开发者及站点本身而言，这样一个高度开放的平台具有重大意义和作用。此外，它还促进了不同站点之间的互联互通，极大地提升了网络用户之间的聚合度。

在社交网络中，API 的开发成效尤为突出，而 Facebook 则是首个开放 API 接口的社交网络，也因此成为最早且受益最大的平台。Facebook 的用户数量和流量之所以持续增长，直接原因在于开发者通过 API 丰富了应用程序。据统计，使用第三方应用程序的用户已超过注册用户的 70%。

（2）协作式开放

在当今网络环境中，知识分享与交流活动呈现出前所未有的增长态势，这在传统传播手段下是难以想象的。这一增长得益于一种新兴协作模式的兴起，它极大地拓宽了知识生产的主体范围。相较于以往依靠个体或者小部分人群独自组织知识，发掘与创造新理论、新概念的方法，如今，依靠互联网，每个人都有机会参与到项目的讨论和优化中。这样的方式不但减少了知识生产的花费，也使得集体成员间的交接配合越发融洽。更为关键的是，这些信息能够迅速地扩散出去。

其中，像维基百科这个大众可参与的网站已经成功实践了"同步收录"的大胆尝试，借助公众不断地投入，其上的知识能始终保持最新状态，深受世人喜爱。

（3）开源式开放

软件程序开发者将源代码公之于众，供其他开发者交流使用，此举点燃了全球范围内相关开发者的热情，极大地推动了软件行业的蓬勃发展。开源不仅对互联网架构和软件行业产生了深远影响，更重要的是，它使得大规模、广范围的协作与沟通成为可能。开源使得产品受众有了识别和修复产品缺陷的机会，这有助于加快它的进步。同时，对参与者来说，他们在整理源代码的过程中还能不断提高自己的技能，丰富信息共享平台的功能，推动互联网技术的进一步发展。Linux 系统的发展就是一个典型的例子。最初，它只是开放了内核部分，但随着大量社会热心人士的不懈奋斗，如今已经成为开源操作系统的佼佼者。

（二）新媒体的传播特征

有人说，新媒体不只是创新式的传播手段，它的出现更像是在人们生活的现实空间外搭建起了一片专供人们互动交流的虚拟空间。它与传统传播方式的主要差异体现在以下五个方面。

1. 高度交互性

传统媒体传播方式主要是通过纸质印刷物点对点、一对一，或者由某家出版社朝向一个较小范围内的人民传递信息，在这个过程中，传输者及接收者间的信息传讯相对受限。相较而言，新媒体手段如网络社交平台则能面向大众提供多对多的远距离实时交流，从而使双方能有更多的机会去深入了解彼此并开展高效的沟通协作。在虚拟社群里，人们的交流行为具有虚拟化、自主化和不可预测的特点，这是与现实世界里的交流方式存在差异的地方。在虚拟网络中，人们甚至可以跨越时空进行交流，展开实际操作。在信息生成的过程中，新媒体的交互性要远超传统媒体，比如新媒体中的信息传播模式所涉人群比传统媒体能够涉及的要多得多。这样的交流模式常常发生于陌生的个体间，因此人们在发表意见和个人感受时会显得更为自然且富有弹性。不同于传统媒体，新媒体的双向交互性特质更强，并且有着各种各样的媒介设备给予支持。现代人可以使用智能手机、计算机和其他移动终端进入新媒体平台进行信息传播活动。对比旧有的传输方法，新媒体具有如下明显的优点：发布的信息可长期存储，而且配备搜索引擎，方便后期再次查找；对于信息的回应速度更快，互动效果明显提升；它是一个包含众多参与者融合和聚集的过程，显示出更多的信息量，而且有着非常具体的分类。这些都是传统媒体难以企及的。

2. 自主参与性

在以传统媒体为主流媒体的传播环境中，接收方只有接收或拒绝接收信息载体的选项，有很多传播方式都没有接收者向传播者提供反馈的渠道。不过，随着新媒体发展，这一现象已经不复存在。在新媒体时代，信息接收方可随时向发出者进行反馈，每个新媒体受众都有这样的权利。基于Web3.0的个体为中心，个人的网站成为信息的中枢点，使用者的价值观念和个人特色能够更好地展现于大众面前。在新世纪的Web3.0环境中，每一个人既能担任资讯的传输者，也能充当其接收者，这是一种巨变。这正是Web3.0的核心理念所在——相较于Web2.0更进一步地去中心化，构建一个包容万物的网络世界，一个以"人"为中心的虚拟世界。

在信息的形成、获取、整合及呈现这一系列过程中，务必融入这样一个关键维度。在当今这个新媒体时代，每个个体不仅扮演着传播者与接收者双重角色，而且均享有充分的话语权，能够自由无碍地表达个人观点。如今，他们已不再是被动接收信息的对象，而是成为新媒体的主动使用者。他们通过新媒体接收信息的方式是积极主动且高度个性化的。这一转变极大地激发了信息接收者的积极性与能动性。人们利用新媒体平台，在互联网上踊跃参与各类话题的剖析与探讨，促使社会舆论以一种崭新的面貌涌现。正如比尔·盖茨所言，远程电脑技术的发展与应用，其终极目标并非单纯推动社会文化进步，更重要的是促进个体成长，赋予他们更强的主动性。远程电脑技术实现了对传统结构的革新，取而代之的是一个充满互动性的新型结构，这是以往结构所不具备的重要特征。

3. 共享全球化

随着当今信息技术的飞速发展，时间与空间的界限已然被彻底打破，从而使得自由思想能够借助网络世界这一平台，自由无碍、毫无限制地传播至全球每一个角落。在网络空间中，汇聚了数量庞大的交流者，他们超越了性别、肤色、种族及国籍的界限，共同在这个平台上进行互动。这一交流工具极大地简化了人们的沟通方式，仿佛让大家置身于同一个村落之中，彼此间的交流变得异常便捷，所带来的变革无疑是极为深远的。作为一种全新的媒体形态，其受众遍布全球各地，展现出了无与伦比的全球性特征。无论在世界哪个角落产生的观点，一旦发布到互联网上，都有可能迅速吸引来自世界各地人们的关注与讨论。

4. 受众个性化

倘若我们转换视角去审视报纸，不难发现，它本质上是一种信息传播渠道。置身于数字化的广阔天地，我们不再受限于他人定义的新闻范畴，而是能够依据个人兴趣与偏好，自主选择感兴趣的新闻内容。这标志着新闻选择领域迎来了一种全新的模式。将来，可能会出现一个能够代替世界上所有媒体工作单位的人类机构或人工智能掌控世界各地所有出版物和报道的权力，并且能够按照不同的目标群体需要，针对每个人的实际需求对每天的信息传播内容进行再编排，从而生成人尽不同的定制版报纸。然后，消息接收方可以利用多种设备方便地获取他们需要的信息，并按照他们的个人习惯调整接收到消息的时间、位置和方法。与此同时，发布者也会基于大数据发掘得来的信息为人们提供更加个性化的服务。这样一来，消息接收者就能完全脱离被迫接受既定信息的限制，拥有更多的自主选择权利。随着新媒体的发展，这种个性化倾向已经变得越来越明显，这标志着"后信息时代"即将到来。在这个充斥着大量信息的世界里，公众传媒的信息涵盖度正在发生变化，有些领域扩展了，而另一些却收缩了。这个被称为"后信息时代"的时期，是以尊重每个个体为基准的高度个性化发展的时代。在这个时代，消息接收者通常都是特定的人，因为新媒体的出现注定过去那种过度注重一对多的信息传播方式要发生改变，所以信息具有很强的个性化特性。很多人相信，信息的个性化代表着细分市场的崛起，而信息传播服务的范围会逐步减小到针对个人。

5. 内容多元化

新媒体的蓬勃发展，彻底颠覆了传统媒体信息受限的旧状，为信息传播与交流带来了前所未有的自由和灵活。地域的藩篱被彻底打破，信息的触角已延伸至世界的每一个角落，实现了最大化的传播覆盖。在这个时代，无论何时何地，以何种形式，媒体都成为人们畅通无阻的交流桥梁，信息在时间与空间上展现出无与伦比的开放性，确保了所有地域的信息都能被充分覆盖。高度的开放性催生了价值观的多元化，形成了多元价值观并存的生动局面。正如格威所洞察的那样："我预见 WEB 的未来将是健康而充满活力的，其核心范式在于将汇集与融合相结合，从而形成一个主导性范式——超适用性。"超适用性是将超媒体文献的广阔宇宙与互动性巧妙融合，旨在创造一个极具适用性的信息空间。在这个空间里，每个个体都能享受到娱乐与学习的双重乐趣，不仅拥有表达欲望，更拥有畅所欲言的自由。

三、新媒体的分类

（一）网络新媒体

网络新媒体作为一种广泛流行的新型信息传播手段，其核心在于利用互联网技术实现信息的快速流通。相较于传统媒介，它凸显出了诸多前所未有的优势，充分展现了新时代信息传播所具备的多元性、快速性、交互性等特点。

1. 网络宽带

网络宽带的运用在多个维度上增强了新媒体的特性，使其拥有了迥异于传统媒体的核心属性。

（1）网络宽带使新媒体具有更强的互动性

传统媒体的信息传播方式局限于单向传递，但网络宽带的出现打破了这一限制，极大地促进了传播者与接收者之间的双向互动。在网络环境中，每个用户都能轻松开启互动的大门，实现信息的共享与交流，从而达到无障碍沟通的目的。在这样的背景下，人们不再只是信息的接收者，同时也成了传播者，这一转变显著提升了新媒体的互动性。

（2）网络宽带使新媒体具有更强的独特性

网络宽带技术能够收集广大用户的习惯、偏好等多样化信息，并据此为每位用户量身定制个性化的服务方案。在此基础上，构建起一个涵盖多方面、多角度的个人信息数据库。这一做法使得新媒体能够更加精准地展现每个用户的个性化特征。

（3）网络宽带赋予了新媒体用户更强的主动性

网络宽带便捷性和低成本的特点让用户能够轻松利用新媒体来选择、搜索及订制信息，在这样的条件下，人们得以构建起双向交流系统，而这一系统又在网络宽带的助力下不断优化升级。

2. 搜索引擎

搜索引擎是一个依据特定策略、运用专门计算机程序从互联网上收集信息的系统。它会对这些信息进行组织和处理，以便为用户提供便捷的检索服务。当用户进行检索时，搜索引擎会清晰地将相关信息展示给用户。

（1）搜索引擎的特点

①搜索引擎具备高效的检索能力，通常只需几秒就能迅速呈现出全面而详尽的资料与信息。更令人称道的是，它还能提供网站的摘要介绍，从而极大地节省用户检索所需的时间。

②搜索引擎的检索技术始终走在前沿。随着计算机及网络技术的日新月异，以搜索引擎为核心的网络信息检索技术也在不断迭代升级。随着消费者需求的升级，个性化消费已成为主流趋势，大数据、云计算等先进技术的融入，更是为检索技术带来了不断的革新与进步。

③搜索引擎提供了丰富多样的检索方式。众多搜索引擎中，有的功能完善，能够轻松搜索到网上的各类文献、公司信息、个人信息，甚至还能进行图像检索。此外，还有一些搜索引擎支持根据特定的域名、主机名等条件来查询相关信息。

（2）主流搜索引擎

当前我国虽然存在着多种多样的搜索引擎，但真正占据市场主流地位的仍是大家耳熟能详的几款，比如百度、360搜索及搜狗等。其中，百度凭借其庞大的市场份额，一直稳坐行业领头羊的位置。

3. 网络出版

网络出版是指有合法出版权的机构，通过互联网发布和销售数字出版物。

（1）网络出版的特点

①网络出版价位较低

网络出版因其直接面向读者的特性，省去了中间商环节，从而降低了价位。读者不仅能够以更少的支付金额获取相同内容，还能享受到更为经济的阅读体验。

②网络出版检索方便

用户只须输入关键字，便能迅速定位到所需内容，这一优势相较于实体图书尤为突出。

③网络出版知识量大

网络出版打破了传统阅读方式中的时空限制，为读者提供了更为广阔的知识获取途径。无论身处何地，读者都能轻松下载所需内容，从而极大地丰富了知识体量。传统阅读中可能因资料远在他乡而带来的困扰，被网络出版迎刃而解。

④网络出版节约资源

网络出版避免了传统出版所需的大量纸张和劳动力消耗，通过网络渠道实现了信息的虚拟传输与交流，为环境保护贡献了力量。

（2）网络出版的三种主要模式

①网络报纸

网络报纸是网络技术进步的产物，它打破了传统报纸按日更换版面的常规，

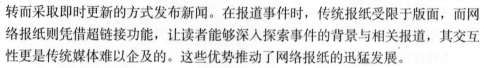

转而采取即时更新的方式发布新闻。在报道事件时，传统报纸受限于版面，而网络报纸则凭借超链接功能，让读者能够深入探索事件的背景与相关报道，其交互性更是传统媒体难以企及的。这些优势推动了网络报纸的迅猛发展。

②网络杂志

网络杂志作为一种融合音频、视频、文本、图片、动画的新型信息载体，不仅涵盖了传统纸媒的所有功能，还带来了诸多创新特性。比如它拥有出色的阅读体验、强大的互动性、简洁的发行流程、广泛的受众群体和高效的传播能力等。

③电子书

电子书是将文字、图片、音频、视频等信息转化为数字形式的出版物，同时也指代那些内置或可下载这些数字内容的手持阅读设备，这些设备集存储与显示功能于一体。电子书的信息被数码化后，保存在以光、电、磁为存储介质的设备上，需要依靠特定的阅读工具才能进行读取、复制及传输操作。

4.网络"微"媒体

随着时代的不断发展，互联网技术和智能手机技术持续进步，人们的社交圈子日益拓宽，信息传播的手段也日益丰富。在这一过程中，传播的核心力量逐渐从传统的大众媒体转移到了新兴的网络"微媒体"上，如微博、微电影、微信等平台。

（1）微博

微博全名叫微博客，是一个于2009年8月上线的专供用户在网络社区中发布消息的新媒体平台。现在的微博内容已不再局限于文字，还包括图片、影音等多种元素。在我国，提及微博，通常指的是新浪微博。

①微博的主要功能

发布功能的设计让用户能够像在博客平台上撰写文章或使用聊天工具发送消息那样自由地发布内容。

转发功能，用户可以轻松地将自己喜爱的内容一键分享至个人微博，并且在转发的同时，还能附上自己的独特见解或评论。

关注功能，用户能够追踪并关注自己感兴趣的用户，从而成为他们忠实的粉丝或关注者。

评论功能，赋予了用户对任何一条微博发表个人看法的权利，让微博的互动更加丰富多彩。

搜索功能，允许用户通过输入两个井号（#）之间夹带特定话题的方式，快速查找相关的微博内容。

私信功能,用户可以选择不向外公开展示信息。用户只须选定私信功能,就能向新浪微博上任何已经获得私信接收权限的用户发送个人消息。这条消息仅有对方能看到,而其他人除平台管理员外甚至都不知道有这条信息。

②微博的传播特点

第一,碎片化传播。"碎片化"这一表述生动地描绘了传播环境的特征。在微博平台上,与博客、即时通信工具相比,每条信息的发布被限制在140个字符以内,这促使直接且精练的表达成为微博语言的一个显著特点。微博的这种碎片化传播特性显著地扩展了用户接触各类信息的范围。数以万计的用户在微博上不断实时更新,产生了海量的信息流,使得用户难以对某一特定信息进行深入阅读,而只能从这些纷繁的信息中快速提取出小部分内容进行关注。

第二,社会化传播。每个人都是社会化的个体,社会由人构成,人也无法离开社会而独自生存。在微博这一平台上,信息的流通不仅遵循着社会的既定规则,也深刻地反映了社会的特性。首先,社会化传播的影响范围极为广泛,用户通过微博分享见解、传播信息,能让社会大众迅速接收到最新的资讯。其次,社会化传播还带有强烈的舆论导向性,许多人由于从众心理,倾向于接受他人的观点。因此,一旦微博上出现了新颖或独特的舆论,往往会引发大量人群的跟随和响应。

第三,个性化传播。微博是一种彰显个性化的传播方式。首先,它允许每个人定制个性化的主页,以此展现自己独特的一面;其次,微博赋予了用户极大的自由度,让他们能够随心所欲地发布各类信息,这种自由的信息发布方式进一步突显了用户的个性化特征。

(2)微电影

微电影也被称为微影,是一种时长较短却以类似电影的拍摄手法创作的作品。它能够传达创作者内心深处的思想,并宣扬和传播特定的价值观念。在我国,微电影大致可以分为草根恶搞、青春爱情、励志奋斗、感人亲情及唯美风景等多种类型。其中,《三克的梦想》《李献计历险记》《让我留下》《象之背》《远在天边》《老妇人与死神》及《高富帅的救赎》等作品都是微电影的杰出代表。这些影片风格各异,有的诙谐幽默,有的深刻动人,有的引人深思,它们以独特的情节和丰富的情感吸引着观众的注意力,展现了不同的故事脉络和内在情感世界。

(3)微信

微信是腾讯2011年推出的智能终端即时通信软件,集聊天、朋友圈、支付、

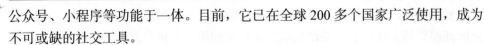

公众号、小程序等功能于一体。目前，它已在全球 200 多个国家广泛使用，成为不可或缺的社交工具。

①微信的基本功能

微信的核心功能涵盖了即时聊天、添加朋友、使用小程序、更改微信号及语音通信等。其中，即时聊天是微信最基本也是最重要的功能，它要求双方必须先成为彼此的微信好友才能进行通信。在交流时，用户可以选择发送文字、语音或视频信息，还能与对方共享视频画面、位置信息等。此外，借助定位与蓝牙技术，用户还能与附近的人建立联系。添加好友的途径多种多样，比如通过搜索微信号、查找 QQ 好友、查看手机通信录、分享微信名片及使用"摇一摇"功能等。

②微信的传播特点

微信在信息传播与交流上具有三个特点。第一，信息传播交流的私密性。一方面，当用户通过微信进行一对一的私密对话时，对话内容仅限于对话双方可见，确保了信息的专属性和安全性，避免了外界的干扰。另一方面，用户在朋友圈发布动态时，可以自由选择公开范围，无论是全面开放、特定群体可见，还是设为仅自己可见，这样的设置不仅保护了用户的隐私，也凸显了用户在信息分享过程中的主导权。第二，消息传播方便快捷。用户只需轻松几步，无论是选定联系人开启聊天界面，还是点击朋友圈的发布按钮（右上角的加号图标），就能迅速完成信息的发送或分享，整个过程流畅且高效。第三，社交的强关系性。这一特点很大程度上得益于微信独特的添加好友机制。微信好友网络大多基于现实生活中的熟人关系构建，手机通信录成为添加好友的基本途径之一，这样的设计不仅增强了好友间的真实性和信任感，也确保了社交关系的稳定性和持久性。

（二）移动新媒体

移动新媒体是新媒体发展历程中的丰富成果，标志着个人媒体新时代的到来，同时也预示着传统传播方式逐渐衰退。

1.移动新媒体的类型

（1）手机

在现代社会，手机作为人们随身携带的常用设备，其普及程度极高。它凭借独特的优势在众多设备中脱颖而出，扮演着举足轻重的角色。手机的媒体功能多样，包括手机电视、手机报纸、手机小说及手机广播等。此外，当社会发生突发事件时，人们能够迅速使用手机进行记录和传播。由此可见，手机媒体开创了一种新型传播方式，这种方式以去中心化和双向互动为特点，导致信息量激增，形成"信息爆炸"的现象。然而，这种爆炸式的信息增长也使得信息的真实性变得难以判断。

（2）平板电脑

早在 20 世纪 60 年代，平板电脑的概念就已经被提出，但当时并未引起广泛关注。直到 2010 年 iPad 的出现，平板电脑才真正走进了人们的视野。这种设备介于电脑与手机之间，既拥有与电脑相仿的宽大屏幕，又兼具手机的便携性，这使得它在与电脑和手机的竞争中都展现出了独特的优势。

2. 移动新媒体的特性

移动新媒体具备五大特性：便携性、互动性、私密性、跨界性、增值性。

（1）便携性

移动新媒体因其体积小巧、重量轻、便于随身携带的特点，而被誉为"最具潜力的媒体形态"。从传播者的角度来看，这一特性使得他们不再受网线束缚，能够随时随地利用移动设备记录并分享所见所闻至网络平台。特别是在新闻采访领域，以往记者须携带诸如笔记本、录音笔等多种工具，而现在，仅需一部功能齐全的手机，便能轻松完成采访任务。这部小小的手机，几乎囊括了日常工作的所有需求，极大地提高了信息传播的效率。从受众的角度来看，移动新媒体同样带来了革命性的变化。它让人们能够更全面、更便捷地了解各种事物，获取各类信息，不再受时间、地点等客观条件的限制。这种前所未有的便利性，极大地提升了用户的体验感受，使得信息获取与传播变得更加自由和高效。

（2）互动性

在互联网时代背景下，新闻网站、博客、论坛等媒体平台如雨后春笋般涌现，极大地促进了信息传播者与接收者之间的紧密互动和交流。而移动设备的快速发展，尤其是其日益接近"掌上电脑"的功能，更是将这种互动性推向了新的高度。如今，人们可以一边观看网络视频，一边即时聊天交流；也可以在享受音乐的同时，发表个人见解，参与音乐话题的讨论与分享。这种互动性不仅体现在交流形式的多样化上，更深刻地体现在传播主体的去中心化趋势上。在互联网的赋能下，传播者不再局限于专业的媒体机构，普通民众也能轻松通过互联网发布信息，成为信息传播的重要一环。同时，传播者能够迅速获取用户对服务或内容的反馈，并根据这些反馈灵活调整策略，逐渐构建起了以用户为中心的传播模式。在这一模式下，传统议程设置的作用在移动新媒体时代逐渐被削弱，信息的传播更加多元、自由与灵活。

（3）私密性

移动设备因其小巧便携的特点，在日常使用中往往成为人们首选的工具，具有较强的不可替代性。此外，许多移动设备还配备了特殊的安全设置，这些设置能够有效提升设备的安全性与隐私性，确保用户信息不被轻易泄露给其他人。

（4）跨界性

得益于移动网络的强大支持，移动新媒体打破了广播、报纸、电视等传统大众媒体的界限，将手机这一集多种媒体功能于一身的设备推向了使用率的巅峰。手机与报纸的融合催生了手机报纸，与电视的结合则带来了手机视频，这种跨界融合的特性为移动新媒体的发展开辟了全新的道路。

（5）增值性

移动新媒体所带来的好处远不止便携性和信息获取的便捷性那么简单。在快节奏的现代生活中，人们能够借助手机、平板电脑、电子书等多种移动媒体，实现身心的放松与娱乐。同时，这些媒体也成为人们开阔视野、学习新知识、增长见识、积累经验的得力助手，充分展现了移动新媒体对使用者个人成长与发展的巨大增值作用。

（三）新概念广播电视

随着网络与信息的飞速发展，电视广播行业也迎来了深刻的变革。新概念广播电视应运而生，它主要包括数字广播、网络广播、数字电视、网络电视及交互式网络电视等多个类别。

1. 数字广播

数字广播与传统广播不同，它采用数字技术加工信息，用数字信号传输信息。随着技术的发展，数字技术得到了大幅提升。在这种情况下，数字广播不仅延续了传统广播的声音传输功能，还进一步扩展，能够通过视频、文字、图片等更多的形式向接收方传递信息。

（1）数字广播的特点

①接收与广播形式多元

传统广播对接收设备的要求较为严格，若设备存在局限，就可能导致接收到的信息不完整或有误，从而影响广播质量。相比之下，数字广播的接收方式更加多样化，这种新技术使得广播的接收变得更为便捷、精确和高效。

在广播内容方面，数字广播具备灵活的设置能力。它可以根据实际需求，对不同频道进行加密处理，例如将部分节目设定为仅供 VIP 用户观看，部分节目设为付费内容，还有部分节目则限时播放等。

②节目储存便捷

广播节目为了积累素材和保存记录，都需要将之前的文件存储起来。数字广播节目采用的是数字化存储方式，这种方式不仅操作简便，而且节省空间。更重要的是，它能够在节目播放完毕后，迅速地进行内容回放。

③广播过程稳定

传统广播因为设备与技术的限制，在传播过程中容易受到外部因素的干扰，从而导致内容丢失。而数字广播技术则能有效解决这一问题，它具备更高的传播稳定性，可以通过调制传播信号，显著降低信息传输过程中的失真率。

④广播内容丰富

数字广播不仅能够传输更多的信息，还能扩大其服务范围。一方面，它紧跟时代步伐，利用互联网技术，搭建起一个更加多元化和全面的交流平台，使得更多的用户能够参与到节目的录制中。另一方面，数字广播还能为节目服务商提供更加详尽的用户行为习惯数据，这些数据对于电台的进一步发展和提升具有积极的促进作用。

（2）数字广播的类型

①数字音频广播

数字音频广播是一种新型的广播形式，它建立在数字音频技术的基础之上，采用数字信号进行录制和传播活动。它的特点在于音频失真率低、噪声小，能够为用户提供更高质量、更具立体感的听觉享受。数字音频广播的音质与激光唱片相当，但由于采用了先进的压缩和传输技术，其传输码率仅为 CD 的六分之一，这意味着即使在高速行驶的车辆中，用户也能享受到高品质的音频广播节目。此外，数字音频广播还能有效利用传统的频道资源，其频谱利用率是传统广播的三倍。

②数字多媒体广播

数字多媒体广播是在原有数字音频广播的基础上进行改进和创新而诞生的新型广播系统。随着广播音频质量达到了 CD 级别的高度，数字多媒体广播成功地将数字音频广播拓展到了多媒体领域。它不仅能够传输更高品质的音频信号，还允许用户同时传输文字和影像信息。此外，数字多媒体广播还适用于电梯、公交车等公共场所，这一特性极大地推动了数字广播的发展。

③有线数字广播

有线数字广播是一种广播信号的传播方式，它主要通过电视网络来播放广播节目，依赖全国范围内的有线电视网络进行信号传输。这种传输方式的特点在于信号质量上乘、传输性能稳定。

④地面数字广播

地面数字广播在广播电视体系中扮演着至关重要的角色。它不仅解决了模拟无线电视易受干扰、图像质量不佳、存在重影等问题，还能在一个电视频道内同时传输多套电视节目，从而显著提升了无线频谱的利用效率。

⑤卫星数字广播

卫星数字广播是一种利用卫星来传播数字广播信号的无线广播方式。与地面数字广播相似，它同样能够传输包含文字、图片、视频等多种内容的信息。然而，相比之下，卫星数字广播的覆盖范围更加广泛，且信号传输的稳定性也更强。

⑥直播数字广播

直播数字广播极大地缩短了观众与媒体之间的距离，成为备受人们喜爱的一种广播形式。例如河北省的"FM102.4河北音乐广播"不仅在音频广播平台上进行直播，还在视频平台上同步直播，并鼓励观众与主持人进行实时互动，开创了一种全新的广播模式。

⑦点播数字广播

点播数字广播使人们不仅可以随时收听、收看广播节目，还能非常方便地搜索并回看之前错过的内容，从而摆脱了时间的限制。

2.网络广播

网络广播是现代信息传播的另一种主要形式，同时也是互联网上广播电视媒体发展的重要象征。就今天看，网络广播的出现并没有导致传统广播从此销声匿迹，它们之间更像是一种互相补足的关系，两者共同为大众媒体传播事业服务。

（1）网络广播的特点

①自由度高

网络广播打破了传统广播的固有框架，以更加自由开放的方式运营，拥有高度的灵活性。其节目内容丰富多样，只要合法，各类节目都能在网络广播平台上找到一席之地，成为数字广播的有益补充。

②时效性强

网络广播的部分自制节目凭借用户广泛的社会资源和地域分布优势，能够为听众带来最新的时事资讯。

③灵活性强

网络广播的节目安排呈现出显著的碎片化特征，能够同时播出多档直播节目，并且即使需要临时插入节目，也不会打乱其他节目的播出计划，这进一步彰显了网络广播的灵活性和应变能力。

④互动性强

网络广播融合了网络与广播的特点，因此它兼具广播的特性和互联网的交互功能。听众不仅可以点播或下载广播内容，还能通过聊天室或弹幕等方式与主持人进行在线互动，甚至有机会被邀请参与到网络广播的活动中。

⑤覆盖面广

网络广播的覆盖范围极其广泛，不受地域限制。只要有网络连接，无论是在世界的哪个角落，人们都能接收到网络广播的信号，哪怕是大洋彼岸也不例外。

（2）网络广播的类型

官方网络广播电台是那些利用数字技术拓展播出渠道的网络电台，例如中央人民广播电台的中国广播网等。它们的主要功能是直播和回放节目，使得官方广播媒体的播出渠道更加多样化。

商业网络广播电台是在原有在线音频服务的基础上，通过商业运作方式建立的网络电台。这些电台包括 QQ 电台、蜻蜓 FM 等，它们提供丰富多样的音频内容。

个人网络广播电台则是依托网站或应用程序，为用户提供丰富音频服务的同时，也提供了一个展示个人才华和能力的平台。喜马拉雅 FM、全民 K 歌、YY语音等都是这种类型的电台。

直播广播电台是网络广播中不可或缺的一种形式，它与传统广播的预先设定节目单不同，而是采用预定时间的方式，观众只须在约定时间进入直播间即可参与。直播节目内容丰富多样，有时会邀请特别嘉宾参与，以满足大众的多样化需求。

点播广播电台则以节目的分类作为其基本框架，为听众提供了大量可选择的点播内容。在点播过程中，听众可以根据自己的喜好随意挑选各种内容，如音乐、故事等。

3. 数字电视

数字电视是一个完整的电视系统，从节目的采集、制作、传输直至用户接收，全程都以数字方式处理信号。这意味着，从演播室出发，经历发射、传输到最终的接收环节，全部采用数字信号，即利用 0 和 1 组成的数字序列来传递信息。

作为电视技术发展的第三代产物，数字电视紧随黑白模拟电视和彩色模拟电视之后，是相对于模拟电视而言的一个新概念。与模拟电视相比，数字电视在画质上更为清晰，功能上更为强大，音效上也更为出色，并且提供了更为丰富的内容。此外，数字电视通常还具备交互性和通信功能，为用户带来了全新的体验。

（1）数字电视的特点

①数字电视的格式兼容性明显提升

在传统模拟电视时期，全球范围内主要有 NTSC、PAL 和 SECAM 这三种电视制式。具体来说，NTSC 制式主要流行于美国、日本、加拿大等国家，其分辨率为 720×480，每秒能够显示 29.97 帧图像。而 PAL 制式则在中国、德国、英国等国家广泛应用，分辨率为 720×576，每秒显示 25 帧图像。至于 SECAM 制式，它主要在法国和俄罗斯等国家使用，分辨率同样是 720×576，每秒也能显示 25 帧图像。

②数字电视的观众参与度明显提高

随着数字电视的日益普及，传统电视已逐渐淡出人们的日常生活，数字电视的优势越发明显。在当下快节奏的生活中，数字电视适应了碎片化的时间趋势，使人们能在各种短暂的空闲时间里享受观看的乐趣，从而提高观众的参与度。同时，数字电视还具备互联网功能，使得观众在观赏节目的同时能够进行多种互动，这极大地丰富了观众的观看经历。

③数字电视带来了高质量的视听感受

数字电视以其清晰的视频、稳定的网络、广泛的播放渠道及卓越的画质，融入了众多新颖元素和独特的观影体验。观众在收看数字电视时，能够享受到更加出色的观看效果，获得更高品质的视听享受。

（2）数字电视的类型

①地面数字电视

地面数字电视是通过接收来自电视塔发射的地面数字信号来播放电视节目的，因此，收看地面数字电视的首要条件是需要拥有较为完备的地面信号接收设施。这种方式使得地面数字电视在频率规划和覆盖区域上具有高度的灵活性，然而，它也存在峭壁效应的问题，即信号可能会突然中断，导致无法接收到任何信息。

②有线数字电视

有线数字电视是一个全程采用数字技术的电视系统，涵盖了电视信号的制作、播放和接收的各个环节。这相当于将计算机的数字技术融入了电视系统中，实现了传统模拟电视系统的数字化升级。有线数字电视的特点在于其高清晰度的视频、优质的音频表现及强大的抗干扰能力。此外，它还提供了丰富的频道选择，让观众能够拥有更多的观看选项。

③卫星数字电视

卫星数字电视是通过卫星天线、高频头和接收机来接收直播卫星传输的电视节目的一种观看方式。它有三个显著的特点：其一，它采用不加密的传输方式，使得人们只须安装好相关的卫星设备，就能免费观看大量的电视节目；其二，卫星数字电视的信号是直接传输到用户家中的，无须电视台作为中转站；其三，它的覆盖面积非常广，我国卫星广播电视的覆盖率超过98%，使得广大观众能够收看到许多之前无法观看的节目。

④数字电视显示器

数字电视显示器是一种能够解析数字电视信号的显示设备，它既可以作为数字电视的接收终端，也可以与电脑进行连接。

⑤数字电视机顶盒

数字电视机顶盒则是连接电视机与外部信号源的关键设备，它的功能是将压缩的数字信号转换为电视内容，让观众在欣赏节目的同时，还能利用互联网进行各种娱乐和学习活动。

⑥数字一体化电视

数字一体化电视则是一种集成了数字节目接收和解码功能的显示器，它无须再配备数字电视机顶盒，就能直接接收和显示数字节目。

⑦直播数字电视

在这种情况下，人们不再局限于通过电视来观看节目，而是可以利用手机、电脑等非电视设备来收看。同时，直播过程中还能巧妙地融入互动环节，使得节目更加有趣。

⑧点播数字电视

点播方式则赋予了观众更大的自由度，他们不再受时间和地点的限制，可以根据自己的时间安排，在空闲时随时点播想看的节目。此外，对于已经播放过的节目，观众还可以通过回放功能进行重温。

4. 网络电视

网络电视是新时代的一种智能化设备，它通过机顶盒连接宽带网络，从而提供诸如数字电视、实时回放和像电脑一样的搜索播放等多样的服务，还可以像手机一样下载各种 App 软件。这种新型媒体形式的诞生不但给用户带来更多的选项，同时也为互联网产业创造出又一个商机。尽管网络电视仅发展了十几年，但其发展潜力巨大，现已成为大众娱乐的重要方式之一。

（1）网络电视的特点

①观影体验多样性

它不仅展示了丰富多彩的视频内容，还借助互联网的互动性，让观众既能欣赏到海量视频，又能亲自制作并上传节目，极大地丰富了观影的形式和乐趣。

②观看方式灵活性

网络电视打破了时间和空间的限制，让观众在观影方式上拥有了更高的灵活性和自主性。

③观看内容时效性

网络电视的内容更新迅速，能够紧跟社会热点和时事，让观众无须等待其他渠道的报道，就能在第一时间内获取并观看最新的内容。

（2）网络电视的类型

①视频网站

视频网站是基于先进的技术平台构建的网络媒体，它允许互联网用户在线流畅地发布、观看及分享视频作品。这类网站的特点在于内容更新迅速，来源广泛多样，既有草根用户的原创内容，也有专业制作人的高质量作品，同时，用户之间还能进行互动交流。在业界，优酷网、爱奇艺视频、腾讯视频及百度影音等都是备受瞩目的知名视频网站。

②视频硬件终端

视频硬件终端主要包括"盒子"设备和互联网电视两大类，它们均搭载了智能操作系统，用户可以通过系统自带的资源或额外安装的应用程序来观看视频内容。

③直播网络电视

通过直播网络电视，人们不仅能观看部分数字电视的直播节目，还能接触到众多本地电视台因版权限制无法播放的视频内容。这种播放方式更重视观众的体验感受，对用户群体进行了细致划分，并特别关注草根群体的需求，为他们打造了一个展示自我的平台。

④点播网络电视

点播网络电视根据节目分类，为观众提供所需的视频点播服务。

5. 交互式网络电视

IPTV 即交互式网络电视，是一个依托宽带网络，为家庭用户提供丰富影音娱乐的平台。它是互联网、多媒体与电子技术等多种技术融合的结果。

（1）交互式网络电视的技术

交互式网络电视之所以与传统电视存在显著差异，是因为它拥有特定的技术支持。

①编码技术

在 IPTV 业务中，由于需要传输的信息量巨大，选择合适的编码方式至关重要。目前，IPTV 业务主要采用的编码方式有 MPEG-4、AVS 和 H.264。

②数字版权管理技术

数字版权管理技术旨在保护已上传视频的合法性和商业机密性，为视频提供必要的版权保护和支持。

③ IP 组播路由技术

IPTV 有单播、组播和广播三种传播方式，以组播的使用频率最高。IPTV 服务器通过 IP 组播路由技术可同时向多个用户传送他们订购的节目。

④机顶盒技术

机顶盒技术是 IPTV 不可或缺的支持技术。它能够将接收到的 IP 数据转换为电视机能够识别的可视数据，从而使用户能够在电视上观看视频图像。

⑤存储分发技术

IPTV 需要处理大量视频数据的传输，由于数据庞大，无法一次性传输完成，因此需要分阶段进行。在非传输阶段，需要利用存储技术来保存这些数据。同时，存储网络还须根据用户的位置合理分配接入系统，这些都需要强大的存储分发技术作为支撑。

⑥ EPG 技术

EPG 技术能够显著增强用户的观看体验。通过 EPG 技术，用户可以提前了解 IPTV 在未来一段时间内的播放安排，从而拥有更多的选择空间。

（2）交互式网络电视的特点

①实时交互性

无论是用户主动查询还是误点，IPTV 都能让他们实时参与。

②反馈性

IPTV 技术具备互动性，它不仅能向用户传递电视节目的信息和内容，还允许用户向节目组提供反馈，甚至自主选择观看的节目。此外，用户还能享受信息快速获取、在线娱乐和电商购物等服务。在观看电视的过程中，观众可以通过留言板等交流平台发表各种意见和建议，而电视制作方则能据此调整节目内容，以提升节目质量。

③海量节目内容

IPTV 能让观众享受到海量的点播视频节目，只须轻轻按动遥控器，就能轻松找到各种视频资源，满足个性化的观看需求，带来更加优质的观影体验。

第二节 新媒体的功能与意义

一、新媒体的功能

（一）大众传媒功能

新媒体取代传统媒体成为社会大众传媒的主要力量。如新浪、网易、搜狐等老牌新闻网站便在现代大众传媒市场上占据了重要地位，而像百度、谷歌等网络搜索引擎则成为现代人日常探求消息的主要工具。新媒体的发展挤占了过去由传统媒体负责的大部分业务空间，从个人间的直接互动到大规模的社会信息分享业务都有涉及。受新媒体的影响，已经有不少传统媒体走上了改革创新道路。比如由新华社主建的新华网和由人民日报社创办的人民网就是由此诞生的。更有一些传统媒体通过与新媒体机构合作，寻找到了更多的可能性和创新空间，共同为国内大众传媒服务。

（二）沟通交往功能

新媒体以其背靠互联网、所涉人数多、服务范围大等特征，对传统人际交往模式造成了很大的影响。基于不同的兴趣和话题，网友自发形成了各式各样的社群，这些社群极大地丰富了网民的社会交往方式。在利用网络平台进行交流时，网民还发明了大量简洁明了、广为大家接受的文字表达和表情符号，从而构建了一种既方便又富有表现力的网络交流语言。

（三）娱乐消遣功能

2024 年 8 月 29 日发布的第 54 次《中国互联网络发展状况统计报告》中宣称，截至 2024 年 6 月，我国网民规模近 11 亿人（10.9967 亿人）。而在这部分人群中，短视频用户所占比例高达 95.5%，与此同时，长时间网剧的用户占比也达到 65.2%。人们喜欢在闲暇时光通过抖音、快手、爱奇艺等新媒体平台收看长短视频，与其他用户交流观看体验，或是发布一些由他们自己录制或剪辑的作品，以此达到消遣时光的目的。

（四）知识传承功能

新时代背景下，新媒体在知识传播与传承上有着不可替代的作用。过去，人们传播与传承知识主要通过口耳相传或是借助纸张、布帛、石碑等文字或图像载体实现信息传递。而随着新媒体技术的实践发展，很多人文知识已被转换为数字形式保存到数据库、电子图书馆、数字博物馆、网络文学站点、研究型网站等网络平台中，随时供大众通过数字化手段查询、提取。用户仅须在搜索框中输入简短的关键文字，轻点鼠标，即可迅速获得大量宝贵的资讯。

（五）电子商务功能

新媒体渠道是现代经济活动中商家与消费者，以及其他各种交往关系中各方之间进行对接的主要手段，特别是在电商行业中。像淘宝、京东、唯品会等网购App 不仅为买卖双方提供了全新的买卖洽谈路径，还促成了如平台账号、游戏道具、网上店铺交易等新兴贸易形式。基于线上购物业务的大规模推广实施，促成了企业传统经营理念的改革。借助互联网的力量，现代企业开始大力发展线上合作。得益于新媒体技术，企业间的信息交换更加便利，有利于企业建设健全双边利益共享机制，实现长期稳定发展的目标。

（六）汇聚民意功能

新媒体技术的发展为从政人员与民众之间构建起交流平台。我国民众如今已经可以使用掌上问政 App 就政府的活动及大众日常生活息息相关的议题发表个人意见，向政府反馈他们的需求和期望。同样，政府官员也可以通过这类新媒体软件体察民情，改进工作方针，以为人民服务为宗旨，结合实际人民诉求开展日常工作。此外，这种民政交接的关系还能发挥民间声音对国家机构工作的监察作用，防止出现不和谐的事件，维护国家的长治久安。

二、新媒体的意义

（一）引起人们交往方式和社会组织方式的变革

新媒体技术的主要功能是服务于大众信息交流，淘汰过去那种费时费力的信息流动方式。这一变革的基石在于信息网络技术，它不仅赋予了时空新的连续性，还创造了一个虽非实体却深刻影响现代人生活的虚拟世界，极大地丰富了人们的生存空间。当下的社会生存空间，已不再是单纯的传统模式，而是虚拟与现实深度融合、相互交织的复杂世界。在网络这个时空维度里，人们能够自由地交流互动，这种交流虽基于虚拟却具备相当程度的真实性。新媒体的兴起，更是从根本上重塑了人们的交往方式。依托 Web2.0 信息网络，新媒体技术打破了地域的界限，使人们能够跨越时空的障碍进行沟通。它为人们提供了一个与陌生人互动的平台，极大地改变了以往人际交往的模式。传统上，人际交往是点对点的直接联系，而在新媒体时代，媒介成为连接人与人之间的桥梁，不仅加深了交往的层次，还使得一对多的广泛交流成为可能。这种变化正在逐步渗透并深刻影响着我们的日常生活，新媒体正以其独特的方式，引领着社会交往的新风尚。

（二）建构公共领域，推进了社会民主

个人与社会的关系是非常复杂的，但仅从个人主观视角来看，可将社会划分为私人领域与公共领域两大块。

新媒体为公共领域的人际交往互动开辟了新路径，打破了信息垄断，促进了信息化社会的发展。在新媒体平台上，每个用户都有权利就每一个通过平台审核的话题展开讨论，就其他任何一个有别于自身认知的观点理性地提出不同意见。同时，新媒体技术的发展使人们摆脱了传统媒体的束缚。很多传统媒体只具备由媒体向公众传播信息的服务，更遑论让公众间相互交流了。受新媒体的影响，人们有了多种途径关注和交流公共事件，有效杜绝了部分传统媒体因为商业利益、政治立场或其他原因，选择性地报道信息，误导公众舆论。借助新媒体平台，每个人既可以是信息的接收者，也可以是信息的发布者，人民群众真正实现了信息自由，参与到国内社会的发展建设中。

新媒体的涌现极大地拓宽了信息传播渠道，使得公众能够更迅速地获取信息。这一变化不仅加速了社会平权意识的构建，也让各级政府部门日益重视建立公开透明的信息制度。新媒体技术的不断进步，为打造透明政府提供了现实基础，众多新媒体平台让市民能够迅速接触到包括政务在内的多方面信息。新媒体技术的进步是构建公众信息交流平台的刚性条件，是升级媒体信息传播手段的基础，也是使广大人民群众接收信息更便利的强大推力。只有发展到一定水平的新媒体技术，才能支撑起网络信息社会的构架，推进社会民主的建设。

（三）展现虚拟文化

新媒体的应用促进了网络虚拟空间的建设。当前，伴随手机与电脑等移动信息传输设备的普及，人们进行文化交流的主要场合已从线下转到线上。接着，由于智能技术的发展，像手机、平板电脑等电子工具的功能也得到了进一步增强，能够提供的服务类型亦越来越多。原本那些因载体性质而无法呈现在传统媒介上的内容，在新媒体崛起后，可以通过网络很好地呈现给广大受众。新媒体的发展改变了人们的生活习惯，加强了信息接收者和发布者的沟通联系。受益于新媒体的多项优点，包括信息数字化、传输过程高效化等，用户可以在任何时间地点随意选择他们想要的内容，这就促进了虚拟文化如网络文学、网络游戏、网络音乐、网络电影等相关产品的出现与发展。

第三节 新媒体的发展历程与现状

一、新媒体的发展历程

21 世纪以来，信息技术飞速发展，推动了新媒体的崛起，使其成为信息传播的重要平台。

（一）网络媒体的发展

网络媒体是指那些在法律允许的范围内，在互联网平台上专注于新闻信息的筛选、编辑与链接服务的专业站点。它们借助互联网这一平台，广泛传播各类信息，旨在满足公众的资讯需求。

我国网络媒体的发展历程大致划分为四个阶段：第一阶段为 1995—1998 年，第二阶段为 1998—1999 年，第三阶段为 2000—2001 年，第四阶段为 2002 年至今。

1. 第一阶段

1995 年，《神州学人》杂志率先踏入国际互联网领域，紧接着在 1998 年，搜狐网和新浪网也相继诞生。这一时期标志着中国网络媒体实现了从零到一的重大突破。政府对此给予了高度重视，并相继推出了一系列政策措施，以推动网络媒体的发展。在这个阶段，各类传统媒体，如报纸、杂志、电台等，也开始积极利用网络平台进行信息传播，它们以全新的面貌展现在公众面前。

2. 第二阶段

在 1998 年至 1999 年，商业门户网站涉足网络新闻传播，互联网的发展所带来的新变革对传统新闻传播模式和旧有格局构成了巨大挑战，同时也确立了门户网站在网络新闻传播中的关键地位。

3. 第三阶段

到了 2001 年，首届中国网络媒体论坛在山东省青岛市成功举办，吸引了国内超过 100 家网络媒体及众多专家学者的参与。论坛上的深入交流与探讨极大地提升了网络媒体的社会影响力。

4. 第四阶段

自 2002 年起，网络媒体在中国社会中的地位日益凸显，它不再仅仅是媒介组织的一种行为，而是与社会深度融合，形成了一个不可分割的有机整体。这一时期，网络媒体呈现出以下显著特征：

第一，国内互联网用户数量实现了快速增长，为网络媒体后续的扩展与壮大奠定了坚实且庞大的用户基础。

第二，Web2.0 技术在社会中得到广泛应用，为网络媒体的发展提供了强大的技术支持。与此同时，我国互联网基础设施的迅速建设和电脑产业的蓬勃发展，也为网络媒体提供了充足的硬件资源。

第三，媒介组织与广大网民之间的互动日益频繁，使得网络媒体的舆论引领作用更加显著，甚至在某些方面已经超越传统媒体。从规模和影响力来看，网络媒体已经在中国传播体系中占据了举足轻重的地位，并逐渐从青涩走向成熟。

（二）网络媒体的特点

1. 信息海量性

传统媒体，主要包括报纸、广播、杂志和电视等，由于版面、材料成本及资金等限制，其信息量相较于网络媒体显得较为有限。而网络媒体则能巧妙融合文字、声音、图像等多种元素进行传播，展现出信息量大、内容丰富的特点。

2. 信息开放性

网络媒体根植于互联网这片沃土，继承了互联网"无边无际"的特性。因此，网络媒体的受众范围广泛，遍布全球各地。正如人们常说的"网络传播无国界"，网络媒体不受任何国家或地区的局限，其信息传播展现出高度的开放性。

3. 传播便捷性

网络媒体的传播效率极高，因为它在发布信息时不受版面或频道等限制，能够相对自由地传递各类资讯。网络新闻的更新与发布速度非常快，甚至以秒为单位，这充分展现了网络媒体在传播上的极大便捷性。

4.交流互动性

互动性是指在网络中信息交流的双向互动特性。与传统媒体相比，网络媒体最大的亮点就在于其强大的互动性和交流性。有人将网络媒体时代称为"互动传播的新时代"，这标志着相对于传统媒体而言，网络媒体实现了质的飞跃，具有划时代的革命性意义。

（三）手机媒体的发展历程

传统电话因局限于固定位置而被手机所取代，后者成为一种便携式的通信设备。手机的初步构想最早在美国新泽西州的贝尔实验室于20世纪40年代被提出，但要说到手机的真正诞生，则应从1973年算起，正是在这一年，摩托罗拉这家当时的IT行业巨头创造出了第一部手机。

1985年见证了第一台商用手机的诞生，自此以后，手机终端已走过了40年的发展之路，它从最初单纯的语音通信工具，进化成了搭载多种操作系统的移动信息处理小型电脑。尽管手机是作为语音通话设备而诞生的，但随着手机，特别是智能手机的普及，以及移动通信技术的迅猛进步，手机不仅保持了其作为日常通信工具的角色，还增添了新的身份——新时代的"大众媒体"。在现今社会，手机不仅让人们能够轻松通话，还能迅速接入互联网，利用手机应用浏览各类手机电视节目等，因此，手机也被赋予了"第五媒体"的称号。

随着手机用户数量的迅速增长，手机媒体的相关内容与产业持续发展，并在原有基础上经历了诸多变革。起初，手机仅用于通话和发送短信，但现在，除了这些基本功能，手机还能浏览网页、使用各种移动应用，这不仅提升了用户体验，还改变了用户的媒体使用习惯，为人们带来了极大的便捷，为手机媒体的发展注入了强大动力。然而，这也导致人们对手机的依赖日益加深，在手机上花费的时间越来越多。

总而言之，手机媒体在演变过程中，经历了从最初作为身份象征，到成为通信工具，再到后来的大众媒体的转变。这一系列的演变伴随着手机移动通信技术的四次更新换代。

第一代：模拟移动通信系统。北美AMPS系统和欧洲TAGS系统是语音通信的典型代表，它们的主要功能就是让人们能够通过手机进行语音交流。在那个时代，手机还未具备短信交流的能力，交流方式相对单一，但它们已经实现了移动通信的重大飞跃，使得人们不再受固定区域的限制，能够随时随地进行交流。

第二代：数字移动通信系统（2G）。第二代移动通信系统主要包括 GSM 和 CDMA，其核心服务仍然是语音通信，但也能处理语音和低速数据业务，即我们通常所说的 2G。尽管那时的数据服务效率和速度都不高，但手机已经开始具备联网能力，这标志着手机从单一的语音通信工具向多功能媒体设备迈出了重要一步。

第三代：数字移动通信系统（3G）。主要有中国的 TD-SCDMA、欧洲地区的 WCDMA，还有美国的 CDMA2000。相较于二代，3G 能提供高速移动的多媒体数据通信服务，其信息传输速度更快，信息传输质量更好，整体服务质量大有提高。

第四代：数字移动通信系统（4G）。目前全球多国已普及 4G 网络，其特点是从技术上确保了人们通过移动通信网络进行无障碍沟通，4G 手机相当于一台移动信息处理的小型电脑。现在，第五代移动通信技术（5G）也已面世。

随着移动互联网和互联网的飞速发展，手机应用迎来了前所未有的繁荣。手机通信技术的快速进步，不仅改变了手机媒体的形式和内容，也推动了其持续发展。

（四）手机媒体的特点

1. 小巧便携

早期的手机被人们戏称为"大哥大"，体积庞大，几乎和两块砖头差不多大。但随着技术和生产工艺的进步，手机的体积逐渐减小，更加贴合现代人的生活方式。尽管笔记本电脑在功能和性能上更为全面与专业，但手机却凭借其小巧的体积成为使用频率最高的电子产品。手机的小巧和便携性是其最大的特点，也是其核心竞争力所在。

2. 信息互动

相较于手机媒体，传统媒体在信息发布者与受众之间无法实现即时的双向沟通。而手机媒体则弥补了这一缺陷，它既可以采用单向传播方式，也能选择双向甚至多向传播，这使得手机媒体具备了强大的交互性。显然，手机媒体为亿万用户搭建了一个广阔的交流平台，让人们能够接收各类信息，同时表达自我、彰显个性，并进行深入的互动交流。

3. 传播性强

手机媒体展现出了卓越的传播效能：第一，其信息传播范围广泛，得益于庞大的手机用户基数；第二，信息传播速度极快，手机具有即时的传播特性；第三，手机传播效率极高，只须简单触碰屏幕便能迅速发布信息。

4. 兼容性强

手机媒体已成为媒介融合的核心平台，它有能力将各种传统媒介形态整合于一体，包括报刊、广播电视及网络媒体的内容与形式，从而逐步演变为一种全新的媒体形态。

二、新媒体的发展现状

（一）新媒体发展的有利条件

在网络技术的强劲推动下，我国新媒体已初具规模，具体表现在以下五方面。

第一，我国新媒体的发展得益于其技术支撑体系的日益成熟，这是推动其进步的首要前提。新媒体本质上是一种创新的传播手段，它改变了传播的途径与方式，但传播的核心内容并未因此而发生根本性变化。从世界发展趋势上看，新媒体将全面取代传统媒体并不是不可能，至少，随着新媒体的蓬勃发展，传统媒体在传媒市场中屡屡遭受冲击确实是不争的事实。当前，新媒体传播的主要载体仍是手机、电脑，而实现传播的主要路径也仍旧是互联网，但随着光纤通信、数字显示等技术的迭代更新，新媒体服务的品质还在继续上升。但就我国当前的发展情况看，国内新媒体传播的硬件设施已经发展到相当完备的水平，尤其是在通信领域。虽然我国的通信事业在 20 世纪曾落后于西欧、美国等发达国家，但在今天，我国的通信技术已超过国际发展水平，甚至在几十项技术的攻关上领先于其他国家。

第二，新媒体的使用者日益增多，尤其是年轻人和知识分子，他们的阅读和学习习惯正被新媒体深刻改变。

第三，市场的自然发展使得国内新媒体终端的普及率越来越高，这是时代进步的自然结果。如今，大部分成年人在生活或工作中都会携带新媒体终端。

第四，新媒体所传播的内容越来越丰富了。新媒体的火热发展让投资者越发看重新媒体发展的潜力，有越来越多的人参与到新媒体发展建设中。现在，新媒体的市场体量越来越大，新媒体产业的规模越来越大，所产生的经济效益越来越高。一些通信公司要么自己亲自上阵，要么委托创意公司进行新闻媒体内容的生产，比如开发手机报、手机刊物等。同时，众多城市的创意园区和文化园区也在为新媒体提供内容软件方面的支持。

第五，新媒体公共平台的建设受到了国家的高度重视，这为新媒体发展创造了政策优势。目前，我国正在积极打造新媒体平台，并通过执行重大工程项目，促进报刊广播、电视、出版和数字出版等新媒体平台的迅速发展。

随着三网融合的推进，移动电视、手机电视等新型数字媒体和业务在国内快速崛起。在电信业务转型的背景下，固网和移动运营商都在积极探索增值业务，以期实现更大的发展。与此同时，手机无线广告、播客、博客、视频及户外电视等新媒体的增长势头也十分强劲。

（二）新媒体发展面临的挑战

1. 我国广电行业改革还不到位

一些经营性产业的市场定位不够明确，始终游离于市场边缘，许多企业仍然沿用政府机构的管理方式运营，未能全面融入市场。行业内优秀经营管理人才匮乏，普遍缺乏市场运营经验和敏锐的市场洞察力及预见性，对市场的拓展和开发力度不够，存在诸多亟待解决的问题。

2. 广电行政区域化的管理机制有待完善

广电系统因行政区域化的管理机制，导致全国范围内难以统一行动，各级广电机构之间存在明显的层级矛盾。有线电视网络市场被分割成多个区域，各自为政，难以实现整体的有效开发。相比之下，电信运营商则拥有全程全网、线缆直达用户、统一运营的优势，这使得广电系统在这方面处于明显的劣势。

3. 新闻出版行业的数字化改革不到位

每隔一段时间，国家新闻出版广电总局都会公布出版行业的最新情况，向人民大众公布有关正在快速发展的网络出版的市场调查数据。通过深入研究可以发现，推动我国网络出版的主要力量是一些科技公司的创新团队与高级研究机构，而作为我国国家机构的出版单位和新闻社自发研制出的产品则较为有限。尽管我国手机报、手机电视的发展正如火如荼，可处于领导核心的几家传媒单位却并没有表现出应有的热情。这影响了新媒体传播管理制度的完善进度，耽搁了我国传媒行业的发展进程。

4. 新闻出版行业的新媒体技术标准滞后

现有的数字出版技术的设备和工具还有很大的提升空间，同时整个行业的信息化程度也还需要进一步加强。目前，信息传输的安全保护措施还不够完善，数字出版工作的管理模式、信息真伪鉴别技术及版权保护等方面的技术难题仍然需要得到解决。

第四节　新媒体的发展趋势

在当前的研究领域，关于新媒体的定义，人们持有不同观点。一部分人将新媒体视为单纯的信息传播工具，而另一部分人则持反对意见。有人主张新媒体与电视、广播类似，是一种实用工具；但也有学者提出，新媒体如同空气和空间，已构成我们生活的新环境。事实上，这两种观点并非相互排斥。新媒体在诞生之初，确实主要扮演工具的角色，但随着其日益普及，新媒体已逐渐超越了工具的范畴，成为人们赖以生存的一种环境。尤其是新媒体的典型代表——网络，它不再仅仅是一项技术或事物，而是越发成为人类生活环境的一部分。互联网无处不在，人类借助互联网进行交流、购物、娱乐等日常琐事，仿佛自世界创生伊始，互联网便是这个世界的一部分。互联网不再仅仅是人们常用的一个工具，它彻底融入人们的生活环境中。因此，对凭依网络发展的新媒体也不能再以"人类社会中的工具"视之，应当将其视作人类生活环境的一部分。

通过仔细分析人类与新媒体的关系，可以发现新媒体真的是人类生活环境的一部分。假设新媒体只是一种工具，那么人和新媒体便是用与被用的关系，新媒体的一切皆受人类主观意愿控制。然而，新媒体却不是这样一个完全受人类摆弄的客体。工具和环境最主要的区别便是工具不会像环境那样包围人类，人类可以随时将工具远远地甩开或换用另一种工具。与此相反，环境会把人类的生活与工作整个包裹起来，而人类则很难跳脱环境的影响。随着新媒体终端的日常化、普遍化发展，像手机、电脑等新媒体终端以代替收音机、有线电话、信差、手表……成为人类生活与工作中必要的一部分。它们的应用甚至改变了人类长久以来的生活习惯，甚至更改一部分人的作息规律。网络虚拟环境与现实环境相结合，彻底改变了人类的生活环境。

一、线下和线上的结合是网络媒介的发展趋势

新媒体的发展速度非常快，以至于人们很难相信，自"新媒体"这一概念问世（1967 年）到今天这不到百年时光里新媒体发展竟然能取得如此成就。新媒体的主要功能是传播信息，其发展理论是新媒体理论、新闻传播学及新媒体运营与实践理论等，其依赖无线通信网络、信息网络及卫星等基础设施来构建其实

际应用环境。网络是新媒体的主要载体。自第三次工业革命以来，互联网技术的发展令人叹为观止，其在人类生活中的融入现状也是相当惊人（数据分析公司 Datareportal 与 Meltwater、We Are Social 联合发布的 2024 年一季度的《数字全球概览报告》中宣称：全球互联网普及率达 67.1%，即差不多每三个人中就有两个人上网）。人类文明的发展延续同互联网间的关系现已无法割舍。在这等情势下，我们可以预见网络媒介未来的走向将会沿着下面几条路径继续前行。

（一）IP 化

IP 即网络互联协议，是规定了计算机设备应如何接入互联网，以及联网后使用计算机的具体规范。它的出现对互联网的快速扩张产生了巨大的影响，是导致互联网在短时间内成为全世界最大的数字通信网络的主要原因。如今，市场上已经广泛存在以 IP 为中心的服务和应用，各种类型的数据服务可以在同一个 IP 架构内自由传输。许多案例都证实，利用 IP 来创建新的数据服务是一个适应时代的必需行动。预测未来的发展趋势，IPv6 的技术进步将会引领互联网走向下一个阶段。相比之前的版本，IPv6 具有更多的优点，例如无穷尽的地址、更快的处理能力及更高的网络安全水平等。依据目前的进展情况来看，网络正在向建设现代化的数字生活方式转变，这是它未来主要的发展方向。

（二）无线化

无线是相对于有线而言的。因为线路铺设成本较高、管理困难，所以无线化必定会取代有线传输，通过电磁波来传输数据。在计算机科学家的不懈努力下，无线传输技术发展，不仅提高了无线数据传输的速率，还有效地控制了数据传输的成本。像 WLAN 技术这样的无线接入方式正受到越来越多人的广泛关注，甚至已经成为许多电子终端设备的标配功能。无线互联网的一大特色在于其信息传递的即时性，这意味着无论身处何时何地，网络都能迅速将信息传达给目标受众。正是这种无线与有线网络的深度融合，赋予了网络以流动性。而得益于网络的即时性特征，跨时空、高效率的信息传递成为可能。

（三）智能化

智能化，通俗点说就是让技术或产品更加符合人的需求和习惯，即更加人性化。如此，一来，网络媒介为人类提供的服务便会更加无微不至，效率也会再次提高，也不会再像过去那样严重受缚于人力的影响；二来，能够增强人类与机器之间的互动，促使人们重新认识人类与机器之间的关系。智能化是未来科技发展的大势，能够更好地服务于人类的网络化生存。"物联网"和"云计算"作为互联网智能化的两个主要应用，正在推动这种发展趋势的前行。

（四）融合化

当代社会文化主要是在媒体及其他一些信息产业的影响下构建的。根据信息产业的发展前景，未来的主要发展走向仍是融合发展。这里的"融合"要比传统"三网融合"（电信网、互联网和有线电视网三大网络的物理合一）的理念更先进，实际包括技术的共享、业务的整合归并和设备的通用。当前，国内信息产业正致力于发展高层业务融合，最明显的表现就是人们不再需要分别通过电话线、有线电视线路和互联网连接来获取不同的服务。这证明融合发展是能够使信息产业相关产品的使用更方便的。这样的发展能够提高网络连接的高效性和完整性，还可以创生一些新的业态。同时，这一趋势发展调和了之前信息产业内部的市场竞争关系，使各方面联合起来为消费者开发服务项目，给消费者更优质的体验。鉴于目前的形势和未来可能的变化，这一发展趋势必会进一步推进新媒体与传统媒体的融合发展，重新定义信息文化和传媒产业，最终改变人们理解世界的方式和未来的社会文化。

二、网络世界是现实的延伸

网络是由现实世界中的人创造的，它具有部分现实世界的特点，但这并非完全相像，网络世界也无法取代现实世界的存在。一般认为，网络世界是"现实"的对外延伸。在马克思主义哲学中，"现实"主要代指"现实中的人"或"现实社会"。那么基于马克思主义哲学，我们便可以说"网络"既是"现实中的人"的延伸，也是"现实社会"的延伸。

（一）网络是现实的人的延伸

"网络是现实的人的延伸"这一观点，其根源可追溯至两大思想流派：一是马克思关于"工具乃人的延伸"的论述，二是麦克卢汉提出的"媒介是人的延伸"理论。

在马克思的论述中，如火车、铁轨和电报等科学技术通常被当作由人类基于发展人类能力的目的，通过生产活动产生的，而不是从自然界中自然生成的，有助于人类驾驭自然的工具，是人类的智慧和劳作成果。这种工具被看作人类那无形的智慧在现实中的有形具现，是"有生于无"，而无形控制有形的一项现实例证。实际上，人类发明的一切器械都是在延伸人类自以为不足的部分。例如人类因嫌自身力量太小就发明了杠杆和滑轮，觉得自己视力较弱便发明了显微镜和望远镜，觉得自己听力不行便发明了助听器等。把这个思维运用到网络世界里，我们可以得出结论，那就是网络也如同其他一切工具一样，是人们自身的一部分，它是人类智能和科技的结合体。

依据麦克卢汉的理论框架，人类出于对自身能力拓展的需求，创造出了各类媒介工具。麦克卢汉深信，机械技术的问世标志着人类身体在空间维度上的首次飞跃式延伸。步入过去的一个世纪，电子技术经历了前所未有的蓬勃发展，它不仅极大地延伸了人类的中枢神经系统，还使得地球村的概念得以实现，时间与空间的界限在技术的推动下逐渐消融。在此基础上，技术的下一步飞跃——对意识的模拟与扩展，标志着人类自我延伸的终极阶段。细究这一阶段，我们发现，通过巧妙的技术应用，人类的创造力得到了某种程度的扩展，这种扩展渗透至整个社会，与前几个阶段的延伸逻辑不谋而合。在日常生活中，人类意识的延伸有着诸多生动体现，广告宣传便是其中一例，它拓宽了信息传播与影响的边界。至于这种延伸是否全然积极，答案或许因人而异，留待广泛讨论。全面审视人的延伸现象，须综合考量现实生活中各式各样的延伸实例，这无疑是一项复杂而艰巨的任务。从社会心理层面来看，每一次人类功能的延伸，都不可避免地重塑了社会与心理的交织结构。麦克卢汉主张，每种媒介都是人类某种能力的外在延伸：电话是对声音与听觉的延伸，印刷书籍是对视觉的延伸，广播再次强化了听觉的边界，而电视则是视觉与听觉的双重延伸。以此类推，电子技术的发展，无疑是对人类中枢神经系统的一次深刻拓展。值得注意的是，尽管麦克卢汉的时代尚未迎来互联网的曙光，但他的洞见在今天看来依然具有前瞻性与深刻性。媒介的创造，本质上是对人类现实存在的一种超越与延伸。从延伸的深度与广度而言，互联网以其多媒体技术的强大功能，实现了对人类整体的全面延伸。因此，可以说，现实世界的人格特质与心理状态在网络空间中得到了延续和拓展。网络世界的多样性与内在矛盾，很大程度上是现实世界中人类复杂性的映射与反映。

（二）网络是现实社会的延伸

按照马克思的理解，人的本质体现在他们所处社会关系的整体之中，这远非单个个体抽象特征的简单集合所能涵盖。因此，如果我们考虑到网络扩展了现实生活中的人与人之间的联系，可以合理推断，网络也同样扩展了现实社会的范畴。这个观点说明：网络源自现实社会的发展需求，它的诞生是为了解决现实社会存在的问题，并以某种形式与现实社会相互交织。网络极大地丰富了现实世界的内涵，但并未取代现实社会本身。

网络所延伸的，正是我们触手可及的现实社会，而非其他任何抽象概念。网络世界如同一面多棱镜，能够折射出现实社会的方方面面，无论是光鲜亮丽的成就，还是亟待解决的难题，都能在其中找到它们的影子。在现实社会的广阔舞台上，经济、政治、文化及日常生活等领域的种种关系，无一不深刻地影响着网络世界的构建与呈现。现实社会中的种种现象、问题乃至矛盾，都会以多样的形式在网络空间中得以映射。互联网绝非与现实社会割裂的虚幻之地，它本质上是现实社会的一个镜像，一个紧密相连的组成部分。它并非人们口中的"纯虚拟世界"，而是社会本身在网络空间的延伸与展现。值得注意的是，网络对现实社会的延伸，并非简单的复制粘贴，而是带有其独特的色彩与韵味。网络与现实社会之间，总是保持着一定的差异性和互补性，网络以其独有的方式，展现着与现实社会既相联系又相区别的特质。虚拟世界与现实世界之间存在着千丝万缕的联系，它并非孤立存在，而是通过各种途径与现实世界产生着互动和影响。作为一种新型的社会形态和社会生活，虚拟世界在与现实世界的交织和碰撞中，不断重塑与再造着现实社会的面貌。现实世界中几乎所有的社会现象，都会在虚拟世界中找到其对应的表现，使得虚拟世界的每一个角落，都深深地烙印着现实世界的痕迹。

总的来看，网络世界的建设是在模仿现实世界。即便是网络世界中的各种科幻的，不曾存在的场景，其中也处处夹带着自现实世界中提取的元素。从社会学的角度来看，网络世界同现实世界中的社会并无太大异同。网络世界无法也不曾脱离现实世界而单独存在，此二者间是一种对立统一的关系。在这样的环境下，网络活动影响了我们在现实世界中原本的生活方式，广泛地影响到人际关系、社会语言构造等多个领域，引发了各种程度的变革。

三、虚拟与现实：并存互融、共生互补

客观来看，即便是在网络世界，现实中的社会层次划分依然存在。但由于网络世界具有虚拟性的特征，这就致使现实中的社会权力架构并不能照搬到网络社会中。这样一来，我们需要更深入地研究如何理解与现实交互下网络世界中的社会权力变化，尝试用前所未有的眼光看待网络世界中各类主客体之间的关系。首先可以确认，无论是在何种情况下，信息都无法摆脱其引导或被引导的状态，且这一过程会因权力主体和权力客体之间的交互而变化。然后，网络世界中存在权力"去中心化"的事实，即网络世界和现实社会中的权力主客体间关系有着明显

的不同。因此，在网络世界中，人与人之间知识和信息的流通会更加自由，一些现实中难以形成的联系会很容易在网络世界中形成，使现实中的主客体关系找到了另一种新的建构方式，相应地形成的是主客体关系虚实之间的一种张力。

简而言之，现实与虚拟的对抗是导致互联网基本冲突的根源，这一冲突可以在互联网上任一活动中找到踪迹。从多元的角度来看，网络世界中的技术、社会与人文发展都沉浸在现实和虚拟冲突中。回顾前文所述，网络既是对"现实的人"的延伸，也是对"现实世界"的延伸，所有虚拟与现实的冲突也会影响到"现实的人"和"现实世界"。此外，虚拟与现实的关系并不是固定不变的，它们的表现形式会因情况的变化而有所变化，产生的影响也就时好时坏。

（一）网络空间是社会建构的结果，主客体关系受到现实世界的制约

在现实社会中，一对一的交互是人际互动的一种常见形态，每个人在这种环境中往往拥有一个相对明确且固定的身份。然而，当视角转向网络空间时，情况便发生了显著的变化。在这里，二进制数字成为信息存在与传递的主导形式，信息的数字化过程催生了人们的多重身份。因此，从这一维度来看，每个人在网络上都可能拥有不止一个身份标识。尽管如此，网络空间中也并未完全摆脱身份阶层所带来的分化现象，只不过这种分化以全新的网络身份形式展现出来。与现实社会不同，网络空间中的阶层分化是建立在个人所创造的虚拟身份之上的。我们根据自己的意愿和想象，在网络世界中塑造出各式各样的"实体"，而这些围绕在我们周围的"实体"，实际上并非真实存在。换言之，网络空间仿佛是一个"形而上学的实验室"，一个由符号构建的宇宙，它是现实世界框架体系的映射，是真实世界中精选出的"元素"经过巧妙组合后产生的结果。因此，网络空间并非无根之木、无源之水，它有着自己现实世界的"原型"作为依托。

（二）网上虚拟世界影响现实世界

网络世界展现出一种独特的双螺旋结构，这一结构由科技螺旋与市场螺旋相互交织、动态演进而成。科技螺旋的生成植根于网络空间，并深受用户日益增长的科技工具依赖性的驱动。在网络空间中，那些精通日益复杂软硬件的专业人士，不得不倾注更多技术心力，为那些对工具本质理解有限的大众设计更加便捷高效的工具。这些工具对大众而言，是构建其虚拟生活与社会不可或缺的基石。这一趋势促使网络空间的权力逐渐向少数精英集中，这些精英在网络权力格局与个人对网络架构控制力减弱的过程中崛起。在这个背景下，人们通过获取知识、

寻求专家帮助，在网络空间中获得了新的自由。然而，这种自由也伴随着以知识专家为核心的网络精英的统治。这构成了一场持续的较量，一场在追求个体最大自由与网络精英空前权力之间的张力博弈。这一现象不仅在网络世界，即虚拟世界中显现，更对现实世界产生了深远的影响。这主要归因于现实世界与虚拟世界之间存在着千丝万缕的联系，两者相互渗透、相互作用。

在网络社会中，无论是何种形态的主客体，其行为都会受到双重因素的影响：一方面，某些信息会对它们产生引导作用；另一方面，现实权力也会对其施加限制。不过，网络空间更侧重于软权力的作用，这与现实社会中硬权力受到重视和凸显的情况有所不同。实际上，现实社会与虚拟社会并非孤立存在，而是相互制约、相互作用，且这种虚实互动具有其独特之处。举例来说，当现实社会中的人进入网络空间，并试图对网络空间施加信息影响时，他能否真正成为主体是有条件的。这个条件就是必须得到其他网络参与者的响应和追随。同时，他的主体身份也不是绝对的，因为在引导他人的过程中，他往往需要倾听对象的意见，甚至可能需要采纳对方的建议。这样一来，原本作为引导方的主体，在一定意义上就变成了倾听和接受方，即主体在某种程度上实现了客体化。

（三）网络文化与现实文化的交融和互动

社会政治体系和经济发展状况会影响社会文化的发展走向，而社会文化则会从生活的方方面面影响我们的日常生活习惯。对文化发展来说，经济是其发展的基础，而政治则从某种程度上引领文化的发展。按照科技进步能纵向推动人类社会发展而信息传播能从横向推动人类社会发展的理念，网络的发展能够推动人类社会的全面发展。网络文化虽是对现实政治、经济和文化的反映，但其也具备独立性，具备一些现实文化不具备的特点，在承受现实文化带来的影响的同时又反过来影响着现实文化。

网络文化与现实文化之间存在着一种并存互融、共生互补的紧密关系，它们共生共荣，互为补充。网络社会及其文化可以被看作现实社会与生活的扩展与延伸，涵盖了社会生活的方方面面。现实文化构成了网络文化产生与发展的根基，它通过强大的物质基础、政治权利、精神传统等多种方式，直接或间接地塑造并影响着网络文化的发展轨迹。尽管网络文化在表现形式上具有其独特性，与现实文化存在显著差异，但两者在深层次上却存在着极为紧密的内在联系。网络的虚拟性并非空中楼阁，也不是毫无根据的幻想，而是深深植根于现实社会生活的文化土壤之中。

第二章　新闻传播概述

第一节　新闻传播的起源与发展

一、新闻的起源

语言成为原始信息传播中的思想传递工具，这是人类历史上最早的信息表达手段，它为信息的流通构建了基本的符号体系。在远古社会，人们对于信息的渴求与传递的冲动，深刻体现了其生存的本能意识，这两者可以被看作催生传播媒介的重要心理因素。具体而言，传递信息的冲动展现了人类迫切想要分享资讯的渴望；而获取信息的欲望，则表现为对聆听外界信息的高度兴趣，这种兴趣往往能给信息的传递者带来心理上的满足。信息的渴求与传递的冲动，在信息传播过程中形成了心理上的相互呼应，它们不仅体现了人类为了种群延续而进行的互动，还展示了人类在面对生存挑战时的自我保护能力。

有一种被视为本能论的观点，即新闻的产生源于人类天生的需求。若从马斯洛的需求层次理论出发，这种需求主要对应于人类需求金字塔的最底层——生理需求与安全需求。基于这种认识，可以说新闻传播来自人类自身的本能，是由人类心理上对生理和安全的需求而产生的。

还有一种观点可以归入"好奇说"的范畴，它主张新闻的产生源于人类对外部世界及自身无尽的好奇心。支持"好奇说"的新闻学者认为，正是这种对外界的好奇心理，从根本上驱动了新闻行为的出现。在西方，"好奇说"作为一种新闻思潮颇为流行，甚至直到 20 世纪 40 年代，仍有西方理论家坚持认为，好奇的本能是新闻媒介得以诞生的首要动因。在这一学说中，美国新闻教育家约斯特是颇具代表性的人物。他在其著作《新闻学原理》中，就新闻的起源问题提出了独到的见解。他认为，人类自诞生之日起，就具备了进行传播的"说话"与"听觉"器官。

还有观点认为,新闻传播的产生源于人类天生的"新闻欲"。如今,关于新闻起源的猜想大多聚焦于信息,尤其是媒体或媒介机构的角色。换言之,新闻起源问题与新闻机构的产生紧密相连。

二、原始信息的传播方式

（一）游群身体传播

早期的原始社会组织被称为游群,它们由具有血缘关系的家庭组成,成员数量通常在 20 到 45 人,这标志着原始社会组织的初步形成。在游群内部,人们通过手势和口头信息来进行交流,身体自然而然地成为信息传递的媒介。在那个时代,先民的活动范围主要局限于他们所在的游群之内,这可以被视为群体传播的时代。

当我们试图界定群体这一概念时,一个直观且常用的标准便是依据其成员的数量。然而,在中文语境下,群体与组织二词虽字面相近,却蕴含着截然不同的情感色彩:组织含有秩序的意义,比如人们常说的"有组织、有规划",而群体则表示散乱,甚至被视作拉帮结派的乌合之众的代名词。目前,群体与组织的含义仍在渐行渐远,凡是在能使用组织的场合就很难见到群体一词的使用。这一理念使人们觉得群体似乎不能用来代指组织。由此引发了人们的思考:群体信息传播会发展为组织信息传播吗?随着人与人自由联合的发展,社会组织会不会逐渐解体(去组织化),由组织信息传播回归群体信息传播?这两者之间的界限究竟何在?如果我们将群体定义为缺乏组织结构的个体集合,那么群体传播或许可以被视为一种无序、自发的信息传播方式。相比之下,组织化则意味着在群体中建立起明确的中心与层级结构,形成了一种更为规范的信息传播模式。当大众传播被某一组织所掌控时,它便有可能转化为一种扩大化的组织传播,尽管其影响范围更加广泛且外部化。在此背景下,群体传播与个体传播之间的界限变得模糊。新媒体的兴起,是否标志着我们进入了一个个体传播的时代,或者一个个体与群体混合传播的新时代?此外,群体传播是否自古有之?这个问题不仅触及了人类的传播本能,还关联着群体传播的深层动机。作为群居动物的人类,群体传播无疑是其生存与发展的重要组成部分。然而,古代的传播观念与今天相比,无疑存在着巨大的差异。当我们深入研究群体心理时,仿佛是在探索一个遥远而古老的时代;而当我们聚焦于群体传播时,却又仿佛回到了当下。总而言之,群体传播与群体心理之间似乎存在着一种时间上的错位，使得我们在运用群体心理理论去剖析群体传播时，仿佛是在用古代的视角来影射现代。那么，群体传播的驱动力究竟何在？它与人类与生俱来的传播本能之间又有着怎样的联系？相较于个体心理，群体心理往往更为错综复杂，而群体传播也常常是分层级、分阶段的，存在着一定的隔阂。因此，我们很难观察到群体与群体之间的直接传播，更多见的是个体与个体之间的信息传播。

群体传播这一概念是否真实存在？换句话说，历史上是否真的存在过群体间的信息传播？如果群体传播确实存在，那么与之对应的个体传播也理应存在。但群体传播是杂乱无章的还是井然有序的？在这个过程中，意见领袖扮演着怎样的角色？群体传播与普遍的大众传播方式又有何不同？再者，群体传播是否仅仅是一个群体向另一个群体的信息传播？

（二）母系氏族的闻讯传播

在 300 万至 350 万年前的时期，原始人类开始以更大的规模群居，形成了母系氏族社会，几个家族共同生活在一起，群体的规模可以达到四五百人。随着人类活动范围的扩大，仅仅依靠口语和手势来传递信息已经无法满足需求，因为无法保证每个人都能听到和看到。因此，人们开始采用实物、烟火及击鼓等方式来传递信息，这些方法被统称为闻讯传播。

（三）部落的初级符号传播

5500 年至 4000 年前，中国进入了父系氏族社会，不同血缘的家庭联合成部落公社，人们开始定居并形成了氏族制度。随着活动范围的扩大，人们常远离村落去数百里外打猎，此时使用烟火、鼓声等自然方式传递信息变得困难。因此，人们开始广泛使用图示和结绳等方法来传递信息，这些方法扩大了信息传播的空间，被称为初级符号传播。

（四）奴隶制和封建社会的文字传播

随着国家的诞生，人类的活动范围迅速扩展至方圆近千里乃至数万里的广阔地域，这迫切需求能够跨越时空限制的信息传播工具。于是，人类发明了文字，并随之产生了可携带、可传播的手抄新闻。文字这一高级传播符号，不仅能传达信息，还能阐述复杂思想，对事件进行深度剖析。到了封建社会，文字体系已相当成熟，相较于早期的图示与结绳记事，此时的传播方式已升级为高级符号传播。

文字的诞生，无疑是人类信息传播史上的一次重大变革。回溯历史，人类早期的庙宇建造亦是一种形式的复制，旨在让人们无须长途跋涉便能聚集一堂。而今，人们四处游历是为了领略不同的风景与文化，这使得复制文明遭遇了挑战。例如中国的高楼大厦被认为是西方城市的复制品。正如古语所言："成也萧何，败也萧何。"媒体在复制文明的助力下蓬勃发展，却又在当下对复制的概念提出了质疑与挑战。

三、原始信息媒介的进化

原始信息思维的形成，不仅为人类探索与运用媒介奠定了意识基础，而且是人类创造历史进程中的直接产物。人类历史的精髓，并非单纯记录自然界的变迁，而是聚焦于人类利用自然、进行思维活动及其所取得的成就。正是这种原始信息思维，催生了原始信息媒介的诞生，它在原始生产力、社会关系及思维方式的交织中，搭建起了一座传递意义的桥梁。尽管信息媒介不断从简单向复杂演进，但其发展始终受限于当时的生产力水平。从媒介的视角出发，信息思维可以被视作介质思维的一种体现，诸如当下流行的互联网思维、影像思维等皆是如此。在某种程度上，人类的媒介发展史也是一部身体与媒介互动的历史。从手托书卷到手翻书页，从电视遥控器的按键操作到电脑鼠标的点击，直至触摸屏的广泛应用，媒介与我们的身体日益亲近，直至成为我们身体的一部分。正如麦克卢汉所言："媒介是人的身体的延伸。"当我们谈论媒介日益人性化时，实际上也是在说媒介正日益融入我们的身体，不断拓展着我们的身体界限。如今，体验式采访已成为一种常见的报道方式，那么，是否存在体验式媒介呢？除了纸质媒介和广播之外，电视尤其是直播节目，已经让观众有了身临其境之感。而手机，尤其是智能手机，更是将这种体验推向了新的高度。

（一）"手势语"传播

语言的诞生经历了漫长而复杂的演变过程，正因如此，"手势语"才成为人类最初用以沟通交流的方式。在遥远的古代，我们的祖先要在短时间内创造出既复杂又能被广泛认可的有声语言，无疑是一项艰巨的任务，这样的语言需要成为各群落间约定俗成的"音码"。手势媒介凭借其直观性和简单的模拟特性，易于被同伴理解和回应，因此在人类早期被广泛采用，作为相互传递信息的重要手段。手势语实际上是一套蕴含特定意义（"语义"）的手势符号体系，它构成了一个无声的意义传播系统，与手臂这一自然介质相结合，形成了最早的传播媒介。

手势符号的出现是一个渐进的过程，每一个手势都承载着固定的意义，逐渐被大家所理解和接受。作为思维交流的工具，手势传播能够超越现实的操作对象和过程，摆脱具体事物的时空限制，与语义实现高度契合。从体质条件和进化阶段来看，早期猿人和晚期猿人或许仅能掌握一种处于形成阶段的手势语言，而真正能够构建一套完整手势语言符号系统的，可能是早期智人。

手臂是传递手势的媒介，但在黑夜或障碍物阻挡时，手语无法传递信息，迫使古人寻找其他方式。可以确定，手势语只是原始社会中众多信息传播媒介之一，它可能在一些大陆上率先使用，也可能与有声语言及其他简陋媒介同时存在。

（二）口头传播

当有声语言发展到足以进行有效交流时，原始信息的口头传播便应运而生。语言和发音器官成为口语传播的媒介。人类掌握了语言后，口头新闻便能随时在人与人之间传递，这种自带的媒介至今仍是新闻交流的一种普遍方式。

从古至今，口语一直作为新闻传播媒介被众多国家采用。在奴隶制时期的罗马帝国，甚至设立了专门的口语新闻"组织"。恺撒大帝在边境设卡，拦截并询问外国旅行者，搜集他们的所见所闻，深入了解其他国家的政治、军事制度、军备情况及民众生活。罗马人对异国奇闻逸事充满好奇，常常围住远方来客，打听远方的消息。有的人甚至以此为生，在市集上向市民讲述远方新闻，以此获取报酬。他们还会将新人新事编成诗歌，四处游历，吟唱传播重要新闻。此外，还有人在咖啡馆里讨论时事，评议社会政局。例如古代的伦敦咖啡馆常常是贵族、政治家和文人墨客聚集地，他们在这里交换信息、探听秘闻。由此可见，古代的口语新闻逐渐演变为阶级社会中一种国家层面或商业层面的行为。

公元前 59 年，尤利乌斯·恺撒刚当选为罗马执政官不久，就下令要求元老院每天公布工作报告。为了满足这一要求，罗马政府在罗马议事厅外面的大街上竖立了一块石膏板，每天在上面书写文字，向公众通报元老院的议事动态。这块板当时被称为"阿尔布"（Album），后来人们称之为《每日纪事》。从形式上看，《每日纪事》与现代的阅报栏颇为相似，它除了记录元老院的议事情况外，还记录了城市里每天婴儿的出生和死亡人数、税收的入库情况、法庭的审判结果及皇族的活动等。值得一提的是，当恺撒拒绝成为国王时，《每日纪事》还发表了评论文章，对他表示赞扬。

公元前 44 年，恺撒遭遇刺杀离世，随后他的外甥屋大维成为罗马的最高领袖。到了公元前 27 年，元老院将屋大维尊称为"奥古斯都"，标志着罗马帝国的正式建立。而在公元前 6 年，屋大维创立了《每日纪闻》。这份报纸的内容十分丰富，涵盖了帝国的政治事务、战争动态、刑事案件、名人言论、宗教活动及议会记录等多个方面。甚至屋大维本人也曾亲自为《每日纪闻》撰写文章，反对罗马传统的大家庭制度。除了公开张贴外，《每日纪闻》还会由书记员抄写多份，分发给首都和各大城市的政要及各地的军队。到了公元 2 世纪，罗马帝国的疆域已经扩展到了现今的西班牙、德国、英国、土耳其、伊拉克西部及非洲北部等地，《每日纪闻》也随之传播到了这些区域。

在古代雅利安部族中，行吟诗人是口语繁荣的产物，同时他们也是推动口语进一步发展的关键因素。他们通过弹唱或背诵的方式，向人们传达历史事迹和在世领袖的故事，还讲述自己创作的故事。从他们的职责和使命来看，他们就像是活生生的书籍，记录着人物的历史，扮演着历史学家的角色，同时也是最早关注并报道现实变化的"新闻记者"。古希腊著名的两大史诗《伊利亚特》和《奥德赛》，正是这些行吟诗人历经世代传承与创作的结晶。

（三）实物媒介的远程传播

在原始社会中，人们巧妙地利用某些物体作为信息的载体与传达的媒介，这些物体虽非直接的表达，但通过其特征被赋予了特定的意义，从而转化为象征性的信息媒介，并且这些物体本身也扮演着传播介质的角色。这类实物媒介，如烽烟、石头等，往往具备相当的稳定性。值得注意的是，玫瑰花作为象征性媒介的应用，则是后来才逐渐兴起的。实物媒介在原始社会的使用范围相对有限，是特定社群内部的一种通信方式。严格来说，其信息传播的功能并不突出，而是需要满足特定的条件才能发挥作用：首先，部落成员须对实物的象征意义有共同的认知和约定，以便在无法直接会面时，通过实物向接收者传递信息；其次，当双方处于共同的情境或面临冲突时，实物媒介可被用来通知或警告对方，引发对方的相应行动。实物媒介作为口语传播的补充，标志着人类新闻传播史上的一大进步。它脱离了传播主体的直接参与，具备了初步的客体形态，是人类最早的外置新闻载体。通过实物媒介，新闻信息得以储存在特定的介质上，使得身处异地或从事不同职业的人们也能接收到信息，开启了新闻的远程与异域传播时代。此外，实物媒介的使用还预示着与意媒相分离的固态化介质的诞生，信息被记录在固态载体上，需要远距离的知情者进行解读才能理解其含义。从媒介特性的角度来看，实物媒介可以被归类为加拿大学者英尼斯所提出的偏向时间的媒介类型。

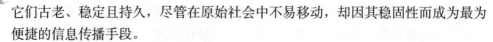

它们古老、稳定且持久，尽管在原始社会中不易移动，却因其稳固性而成为最为便捷的信息传播手段。

（四）声光传播

在原始社会，人们常常利用鼓声、烽火和烟雾等声光现象来传递信息。这些现象都属于物理范畴，一旦发生就会迅速消失，因此在使用前需要各方对信号的具体含义进行明确的约定，并且它们只能在人们的视听范围内发挥作用。这种媒介的传播方式受限于共时性和距离，从而限制了其传播的范围。然而，声光媒介通过对物理现象的巧妙运用，极大地提升了原始信息的传播速度和距离。作为人类最早开发的视觉和听觉媒介，声光传播体现了人类对传播时效性的初步追求。尽管如此，声光媒介也存在明显的局限性，它们只能用于传递简单的信息，无法详细叙述事件的经过，也不具备记录功能。虽然某些烟火的颜色可以被赋予特定的意义，比如青烟、白烟、红烟、黑烟、紫烟等可以代表不同的信息，但这种表达方式仍然无法精确地传达事实的细节。例如早期的灯塔虽然可以利用灯光来传递某种信息，但同样无法提供详尽的内容。

（五）图示传播

图示媒介应该是人类发展史上最早出现的呈现于实物表面的媒介，其在人类传播新闻的过程中有两点优势：一是让没能现场目睹的人大致了解到发生的事态，二是能够长期保存，以供后世阅览。通过线条的精妙组合，图示媒介能够生动地反映事件的本质特征和具体内容，形成了一种独特的图解式报道方式，这标志着图示媒介具备了全新的功能。图示媒介利用线条勾勒出事件的情节，构建出一幅幅信息丰富的画面，这是"象形"思维的璀璨结晶。从旧石器时代向新石器时代的过渡，直至原始社会的尾声，图示媒介始终扮演着举足轻重的角色，得到了广泛的运用。然而，图示只是对物象的直接摹写，因事件的不同而千变万化，因此难以成为稳定的思想传递工具。对于同一个物象，即便是简单的指称，不同的部落也可能采用截然不同的图示方式，同一氏族内部对同一物象的画法也可能存在差异。图示媒介的传播离不开特定的介质，在原始社会，岩壁、兽皮和树干成为图示的主要载体，而今天，我们只能通过岩壁上的图画来窥见那个时代的风貌。原始的图示信息并非仅仅传达单一的意义，而是讲述着一个完整的事件，因此更具新闻的价值。它犹如新闻发展史上的"活化石"，生动地再现了新闻起源的历史场景。人类认识世界的符号体系始于图示，图画新闻作为社会意识的一次飞跃，成为人类思想史上最初的印记。

四、手抄新闻媒介

（一）手抄新闻的产生

手抄新闻又称书信新闻、文字新闻，是动用人力手动抄写报纸母版，以生产出的供消费者阅读的一种报纸。这种报纸的制作需要大量人力，曾流行于奴隶制社会和封建社会的初期与中期。手抄新闻的诞生，离不开两个关键的历史条件。首先，文字的发明为手抄新闻的出现奠定了坚实的基础。真正意义上的文字，是从原始的图画意媒中逐渐演化而来的，可以说，那些原始的图示信息是手抄新闻的摇篮。随着社会、思维及语言的不断演进，人们对信息传播的需求越发精细，图示逐渐分解成为一个个固定的符号，并通过精确的笔画得以稳定下来，最终形成了文字。文字的出现，直接催生了手抄新闻的诞生，这也标志着传播媒介的第一次重大变革。我们之所以将文字抄写新闻视为一次革命性的飞跃，是因为它彻底改变了数十万年来信息传播的传统形态，使原始新闻发生了根本性的质变。这一变革，不仅极大地丰富了信息传播的内容与形式，更象征着人类文明的真正崛起与繁荣。

其次，手抄新闻的出现与奴隶制社会的发展紧密相连，它是国家统治与宗教活动的必然产物。在奴隶制社会，随着人类活动范围的不断扩大，国家管理需求也随之增加，需要在更广阔的区域内传播信息。此时，无论是国家政务的记录、宗教祭祀的筹划，还是财务的计算与统计，都成为国家统治与宗教活动中不可或缺的重要任务。正是这些需求，催生了文字与手抄新闻的诞生。文字的出现，为手抄新闻的传播提供了可能，使其在短时间内迅速风靡。直至后来，手抄报纸也应运而生。在中国，早在公元前200年前后的西汉时期，各种手抄媒介就已经被用于发布政令、文告和通报。到了唐代，更是出现了手抄的邸报，标志着中国新闻传播事业的一个重要里程碑。唐朝时期，随着藩镇制度的建立与节度使的设置，尤其是安史之乱后，节度使势力逐渐壮大，成为中央集权的一大威胁。他们纷纷在京都设立邸所，这些邸所的功能类似现代的记者站或驻京办事处，负责上呈章奏、下报上情、传递信息。宋朝统治者吸取唐末与五代十国时期一些封建统治者得到的教训，认识到需要加强中央集权，削弱地方权力。同时，他们注意到必须加强中央对国内信息流通的掌握，遂增强了对报纸的控制。与之前的几个朝代相比，这种由中央政府负责编制、印刷和发行的报纸出版无疑取得了巨大进

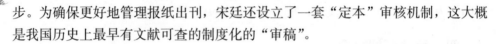

步。为确保更好地管理报纸出刊，宋廷还设立了一套"定本"审核机制，这大概是我国历史上最早有文献可查的制度化的"审稿"。

（二）手抄新闻的介质

手抄新闻由两个基本元素组成：信息传递的实质内容（我们称之为意媒）和承载这些内容的物质形式（介质）。前文已提及，意媒构成了手抄新闻的核心部分，它既包括人们日常沟通所需的信息，也涵盖国家管理和宗教活动中发布的法令、公告等。至于手抄新闻的介质，则呈现出多样化的特点，历史上，人们使用过多种材料作为介质，如古代的石头、泥板、甲骨、青铜器、草纸、竹简、兽皮、丝帛及手工制作的纸张等。缺乏介质，信息就无法被传递，意媒也就只能局限在传播者的思维之中。然而，介质本身并不具备意识，如果脱离意媒，介质也无法单独传达出传播者的真实意图。

迄今为止，中国发现的最古老的手抄新闻载体是甲骨，这些甲骨通过其上的文字内容，构成了新闻传播的一种媒介形式。甲骨分为两类，一类是龟甲，另一类是兽骨，其中尤以牛的肩胛骨最为常见。在甲骨上雕刻的文字，我们称之为甲骨文。这些文字记录，并非主要是为了传播知识和经验，而是为了将当时发生的事件或某些历史事件记录下来。因此，将这些甲骨文被视为新闻传播的一种早期形式，是十分恰当的。

此外，手抄新闻的载体还包括石头和石壁，人们会在石面上刻字记录事件或发表见解，这相当于当时的"新闻与评论"。青铜器上铸造的文字称为金文，同样是手抄新闻的一种媒介。尽管甲骨、石头和青铜器都能承载文字，用于信息的保存和传播，但它们书写不便，严重制约了新闻传播的速度和广度。

自周朝末期起，中国出现了新的手抄新闻载体——"简"与"牍"。"简"是削制的长竹片，书写后编连成册，称为"简册"；"牍"则是整制的木片，书写后集成册，称为"版牍"，后来二者统称为"简"。随后，中国又出现了一种轻便的书写材料——缣帛，用丝质材料抄写新闻，便于携带，长篇记载则成书，即书帛。到了东汉时期，中国发明了造纸术，创造出轻便的信息传播媒介。这一发明加速了人类信息复制时代的到来，并为后来印刷术的诞生奠定了重要基础。

中国古代手抄文字新闻需要使用笔、墨等工具。在甲骨、金石上书写时，使用的"笔"其实是刀锥之类的工具；而在帛上书写时，则可能用木棒，甚至直接用手指蘸墨书写。到了商代，毛笔成为主要的书写工具，可以在甲骨、玉、石、陶等物品上看到毛笔字的痕迹。

古埃及人书写新闻的方式多种多样，包括莎草纸、石板、贝壳、象牙、皮革、陶片、布帛和兽类肩胛骨等，其中莎草纸是最常用的材料。古希腊、古罗马和阿拉伯人也采用了这种莎草纸来书写新闻，英文中的"paper"（纸）一词便是源于此。

在两河流域的乌鲁克文化时期（公元前 3500 年至前 3100 年），苏美尔人则创造性地使用了泥板作为书写材料。这一创新对西亚广大地区产生了深远影响，泥板作为新闻载体被沿用了 3000 多年，直到公元 1 世纪才被羊皮所取代。

五、印刷媒介的诞生与发展

（一）报纸的产生及意义

报纸是印刷术发明后，在封建社会末期科技发展的推动下诞生的。印刷术让新闻的传播速度和范围大幅提升，直接催生了报纸这一印刷媒体。

交通工具的进步、邮政系统的建立，以及人口集中和城镇化的发展，为报纸的产生创造了重要条件。报纸投递变得更加便捷，这有力地推动了报纸的发展。

印刷术与报纸的诞生，是手工业、简单机械工业及商品经济不断发展的产物，同时也是国家管理需求下的必然结果。它们曾作为传递国家意志的重要工具，扮演着不可或缺的辅助角色。这一以印刷术为基础的新兴媒介的问世，标志着历史文明的一次巨大进步，具有深远的历史影响。具体来说，其意义体现在三方面。首先，印刷术与报纸的出现，使得文字信息得以大量复制并广泛传播，彻底告别了手抄新闻的低效与错误频出的时代。它们能够对新闻事件进行深入报道，催生了深度报道这一新的新闻形式，极大地丰富了新闻的内容与表现形式。其次，它们带来了丰富的科学知识，推动了识字率的提升，加速了人类文化的进步。这不仅促进了教育事业的蓬勃发展，还推动了社会的进一步分工与专业化。最后，它们还推动了科学技术的进步与生产力水平的提升，为近代工业的兴起奠定了坚实基础。同时，城市化进程的加速也为报纸的发行提供了更为便利的条件。而商业广告的投放，则为报纸的生存与发展提供了必要的资金支持，进一步促进了新闻事业的繁荣，也为资本主义的发展创造了有利条件。

（二）新闻期刊的特点

1. 期刊源于宣传小册子、廉价读物等印刷品

1731 年，英国人爱德华·卡乌（Edward Cave）创办了世界上最早的期刊——

《上等社会人》，这是一本月刊。而在我国，现代意义上的第一本中文期刊则是由英国传教士威廉·米怜（William Milne，1785—1822）创立的，名为《察世俗每月统记传》。这本期刊的英文原名为"*Chinese Monthly Magazine*"，若按现今的翻译习惯，也可称作《中国月刊》或者《中文月刊》。

2. 按照读者的需要逐渐固定下来，连续出版

以《察世俗每月统记传》为例，该刊物在创办初期，每期印刷量为 500 份，并且这些刊物都是赠送的。经过三年的发展，其印刷量增加到了 1000 份。而在 1820 年至 1821 年，该刊物的每期印刷量更是达到了 2000 份。

3. 最早的期刊大多为迎合特定读者的需求而非普及读物

比如《察世俗每月统记传》，它是中国首份具有现代意义的期刊，主要目的是传播基督教。尽管名为"察世俗"，但每期内容中，宗教信息占比高达 80%，而世俗内容仅占 20%。

新闻期刊作为印刷媒介的一个重要分支，与报纸相辅相成，不仅在一定程度上延伸了报纸的深度与广度，还展现了其独特价值。其主要作用体现在以下三方面：第一，新闻期刊是纸质新闻产品不可或缺的一种形式，它通常以深入报道、评论、知识性小品等内容为主，并以低廉的价格销售，从而推动了发行量的持续增长；第二，尽管新闻期刊在时事新闻的时效性上可能稍逊于报纸，但它却拥有更为深厚的深度和广度，期刊中经常穿插着精美的图片，为特定读者群体带来了深远的影响；第三，新闻期刊一直以"厚度铸就深度"为特点，尤其在调查性报道、解释性报道及图片报道方面表现出色，展现了其卓越的报道能力。此外，新闻期刊中的评论同样具有深远的影响力，一些封面报道甚至成为时代的象征，比如《新周刊》曾提出的"飘一代"，便是对这一时代特殊人群的生动描绘，成为人们心中的时代符号。

（三）通讯社的产生

通讯社是负责搜集并分发新闻稿件、图片及资料的机构，是新闻传播的关键环节，被誉为"消息的汇集地"和"新闻供应的主干道"。它在现代新闻传媒中起着桥梁作用，是新闻信息的搜集与分发中心，持续向公众传递重要资讯。

随着工业革命的推进，近代报业蓬勃发展，报纸数量急剧增加，对新闻的需求也随之大幅上升。在这种背景下，仅仅依靠各家报纸自身去搜集各地的新闻变得既不划算也不现实。因此，一种专门负责搜集和提供新闻的机构——通讯社，便应运而生。

1. 经济发展引发信息需求

18 世纪至 19 世纪，欧洲的工业革命极大地促进了经济的繁荣，这使得人们对生产和市场信息的渴求变得越发强烈。这种迫切的信息需求，为通讯社的诞生创造了必要条件，也成为通讯社产生的根本原因。

2. 无线电技术为通讯社提供了技术保障

通讯社之所以能够应运而生，除了得益于人们对信息的渴求及经济的蓬勃发展之外，技术的革新无疑扮演了至关重要的角色，它宛如一位助产士，助推了这一新兴媒介的诞生。19 世纪初，法国物理学家安培（Ampere）的重大发现——电流能够借助电线传递信息，为通信技术的发展奠定了理论基础。随后，美国人塞缪尔·莫尔斯（Samuel Morse）在此基础上发明了电报，并在巴尔的摩与华盛顿之间成功铺设了首条商业电报线路。更令人称奇的是，莫尔斯还创造了一套独特的通信编码——莫尔斯电码，这一创举不仅极大地推动了电报通信的普及，更为世界各国新闻界，尤其是通讯社的兴起，提供了不可或缺的技术支撑和先决条件。

（四）印刷媒介的意义

1. 印刷媒介使新闻具有社会价值

印刷媒介能够在一天之内将一个幅员辽阔的国家内的最新消息迅速传递给千家万户，这充分展现了新闻的本质，并赋予了新闻传播深远的意义。随着新闻传播空间的大幅扩展，事件的影响力不仅局限于国内，还波及国际受众，使得新闻的职能具备了重要的社会价值。自此，新闻传播不再局限于个人或少数人的范畴，而是将大量的人卷入信息流通的洪流中，塑造了公众的价值观念和认知模式。从这一刻起，人类首次被信息紧密地联系在一起。

2. 印刷媒介推动大众识字运动

阅读不仅需要能识字，还得懂点政治和生活常识。报刊的普及促进了教育发展，也让政治更加贴近人心。

3. 印刷媒介推动政治文明

印刷媒介过去常被用来巩固国家统治，它在政治制度变革时起到了宣传作用，帮助普及人道和民主的政治观念，促进了政治文明的进步。实际上，直到现在，一个国家的报纸普及程度与该国民众的政治参与度仍密切相关。

4. 印刷媒介成为现代经济的重要扩张因素

19 世纪中叶，人们对新闻的需求大增，渴望了解全球动态。这时，一批价格低廉的近代报纸应运而生，推动了现代生产和生活方式在全球的普及。当时，多数私有印刷媒介都转型为企业，大量刊登广告，使印刷媒介与资本的联系更加紧密。

（五）印刷媒介促成媒介市场的形成和传播制度的建立

印刷媒介不仅催生了大型的报刊企业，还促进了新闻采编机构的多元化发展，诸如通讯社、特稿供应机构、新闻发布机构等信息提供组织应运而生，以满足媒体对信息订阅的多样化需求。与此同时，纸张、油墨、印刷机械及其零部件等生产材料的市场也蓬勃发展起来，构成了新闻生产的原材料市场，进一步丰富了媒介市场的运作机制。随着印刷媒介不断扩张，建立市场规则、社会准则及法律框架的需求日益凸显，于是，各种传播体制在印刷媒介的推动下逐步建立和完善。

六、电子媒介的发展

电子媒介作为一种通过电信号、传输线路及接收设备来传递视听信息的媒介形式，涵盖了广播、电视及网络等多个领域。随着人类掌握电子技术，我们创造出了能够触及听觉与视觉的新闻媒介，这一创举极大地扩展了我们的感官边界，并催生了第三次、第四次乃至第五次信息传播革命。电子媒介的崛起具有双重深远意义：一方面，它使得全球高度一体化，信息的传播由原先的继时性转变为共时性，信息的获取与分享实现了时间和空间上的即时性，即所谓的"零时差"与"无界限"；另一方面，电子媒介极大地拓宽了人类的感知范畴，传播不再局限于印刷媒介时代的单纯"视觉"体验，而是进化到了包含"视觉、听觉乃至触觉"在内的多元化感知时代。这场由电子媒介引领的感官革命，无疑加速了人类对客观世界的深入探索与认知。

（一）电子媒介的世界整合

电子媒介的涌现，让信息传播拥有了前所未有的时空跨越能力。通过广播、电视和网络，信息能够在瞬间抵达地球每一个角落，传播模式从过去的"历时性"跃升至"共时性"，从"地域性"扩展至"全球化"。这无疑加速了世界的整合进程。首先，电子媒介以其信息传播的高速特性，显著缩短了人们认识客观世界的时间周期，跨越了人体难以快速到达的空间障碍。随着媒介的不断加速，信息的传递带动了意义的快速演变，个人与组织间的互动节奏也随之加快，社会变革因此层出不穷。其次，电子媒介如同一座桥梁，拉近了人与人之间的距离，使人类的经济与政治活动更加紧密地交织在一起。这一变化推动了世界一体化进程的加速，促进了各国间的经济交流与政治合作。再次，电子媒介为人们提供了更加真实、直观的外部世界体验。通过听觉与视觉的双重感知，人们能够获取大量关于世界的真实信息，降低了认识真理的难度，减少了曲折性，从而推动了科学技术、生产力及政治制度的不断进步。最后，电子媒介以其生动的形象再现能力，将社会活动的场景栩栩如生地呈现在公众面前。这种极具鼓动性和感染力的传播方式，使公众对政治和社会事务有了更加清晰的认识，激发了他们参与公共事务的热情，为他们提供了更多参与社会管理的机会。

（二）电子媒介的感官效应

电子媒介极大地扩展了人类的感知边界，这标志着一次超越传统感官的传播领域的重大变革。在印刷媒体盛行的时代，人们接收信息的体验仅限于"阅读"这一视觉活动。然而，电子媒介的诞生彻底改变了这一局面，它首先将人类的接收体验从单纯的"视觉"延伸到了"听觉"（如广播的兴起），随后又进一步将"听觉"与"视觉"融合（电视的出现），最终实现了"视觉、听觉乃至触觉"的全面融合（互联网的普及）。这一过程中，受众的参与状态也从单一感官的"低层次"互动，演进到了多感官并用的"深层次"沉浸。随着新技术的持续涌现，它们不仅塑造了当下的媒介形态，还极大地丰富了人类的媒介体验，电子媒介通过增强人类的感官体验，深化了我们对客观世界的认知。

电子媒介对人类感官感受的显著放大效应，可从两大维度进行深入剖析。首要维度在于电子媒介凭借其尖端科技的力量，成为一种实时传递世界动态的感官延伸工具，代表了信息传播载体的最前沿。通过广播、电视、网络等多样化的电子媒介渠道，人们能够轻松实现"耳闻即实""目睹即真"的信息接收状态。与以往依赖文字描述来间接感知世界的方式相比，电子媒介让人们对周遭事物的观察更加直观真切，对世界的体验也越发细腻入微，得以从点滴之中洞察全局。另一维度则体现在电子媒介的传播效能上，其优势远超以往任何媒介形态。电子媒介不仅信息承载量大，而且传播速度迅捷，覆盖地域广泛，影响效力显著。这一特性极大地促进了社会场景的"共享"与社会信息的"共知"，使得人类社会步入了一个前所未有的"超地域"参与时代。在此背景下，个体的认知边界被彻底打破，不再局限于某一地域或城市，而是能够跨越国界，拥抱全球，感知世界的广度与深度均实现了质的飞跃，人们的视野与认知因此变得更加开阔和深邃。

（三）电子媒介的受传模式

1. 广播的听觉模式

1920年9月29日，位于美国匹兹堡的约瑟夫·霍恩百货公司发布了一则广告，宣布其以每台10美元的价格出售收音机。紧接着，在10月27日，美国商业部正式向威斯汀豪斯公司的KDKA电台颁发了营业执照，随后在11月2日，该电台启动了它的首次正式播音。这一天，KDKA电台成为世界上首个正式的广播电台，并实时播报了哈丁与考克斯之间的竞选活动。

广播作为一种侧重于听觉的电子媒介，其主要有五个特点。

（1）声音是广播的生命

广播是一种依赖声音传递信息的媒介形式，它本质上是音频的载体，因此，声音构成了广播的核心要素。声音的强大联想力为广播增添了一份独特的吸引力，可以说，广播凭借其"声"的力量，深深触动着人们的心灵。广播不仅提供了声音的现场直播功能，而且通过热线互动，展现了广播在人与人之间的即时沟通方面的直播特性。

（2）跨时空、跨地域

广播的一大优势在于其不受时间和空间的限制，具有极高的时效性。它能够实现对新闻事件的现场实时报道。一旦有新闻发生，广播可以在极短的时间内将信息传播到很远的地方。

（3）成本低廉，准入门槛低

相较于电视，广播在采录与传输设备的成本上均显得更为经济。其较低的准入门槛，为众多"业余电台"提供了生存空间。当广播迈入新媒体时代，"播客广播"的兴起为广播行业注入了新的活力，这种新型的广播形式同样具有低门槛的特点，使得每个人都有机会参与其中。

（4）广播是一种移动媒介

在3G时代尚未到来之前，广播无疑是最具便携性的媒介形式。人们只需携带一个小小的收音机，便能边走边享受广播内容，这种"动态行进中"的接收状态正是广播的一大优势。广播以其特有的伴随性收听方式，让受众在接收信息时只动用部分感官，其余感官则能自由支配，进行其他活动。这种收听方式无须全神贯注，注意力可随时转移，为人们提供了极大的灵活性。在城市化进程不断加快、私家车数量急剧增长的背景下，广播这种无须占用视觉却能随时随地收听的媒介特性，更是受到了广大听众的热烈欢迎。对中国人而言，广播早已不再是农村里的大喇叭，或是城市里小喇叭的广播声，而是更多地以车载广播的形式存在。

（5）对受众没有文化要求

它是一种深受大众喜爱的普及型媒体，拥有极其广泛的受众群体。它能够极大地拓展受众交流的范围，直至覆盖最大的空间。随着卫星广播和网络广播的兴起，其传播范围更是达到了前所未有的广度，几乎遍及全球每一个角落。作为听觉媒介，它具备现场感、对象感、真实感和交流感，按照节目安排的先后顺序进行线性传播，信息一旦播放便无法回溯，受众也无法自主选择内容。然而，"播客技术"的引入彻底改变了这一状况。播客广播作为传统广播的升级版，为听众提供了更多的选择权，实现了"人人皆可播"的愿景，成为一种新型广播形态，鼓励广大民众的广泛参与。

若将文字视为一种缺席，视觉则代表着在场，那么听觉便如同一种半缺席半在场的存在，它既带来了现场感，又留有一定的想象空间。这或许正是当前广播现场报道不太受欢迎的一个原因。在宗教领域，音乐被看作极具说服力的工具。如果说文字依赖抽象思维，视觉依赖具体形象，那么听觉则更多地依赖人们的想象力。文字有文学的陪伴，视觉有电影的呈现，而听觉则有音乐的相随。

2. 电视的视觉模式

1936 年 8 月，世界上首个电视台在英国诞生，并于同年 11 月 2 日首播了第一个电视节目。当时，位于伦敦奥林匹克展览厅内的数百名观众，首次目睹了如同魔术般奇妙的电视画面。电视作为一种侧重于视觉的电子媒介，具备四个显著特点。

（1）镜像媒介

电视作为一种传播媒介，以其图文并茂、现场感强烈的特性，将事实直观而生动地展现在观众眼前，这标志着人类传播史上的第四次革命——镜像传播时代的到来。电视不仅是将"事实"直接呈现给观众，更是邀请观众亲自去观看、去观察、去评判，通过绘声绘色的画面与音响，真实再现了事件的每一个细节，使得记录下来的事实充满了真切的实感。在电视上，观众不仅能聆听到记者的口头报道，更能目睹新闻人物的形象、生活的环境及事件的真相，这种声音与图像的直接结合，让观众仿佛置身于事件现场，体验着前所未有的沉浸感。电视媒介通过镜像的方式反映社会、引导社会观念，引发了一场深刻的镜像革命。社会的发展真实不仅体现在真相的重现上，更在于景象的实录与储存，电视正是通过向人

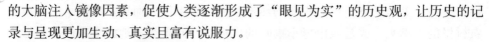

的大脑注入镜像因素，促使人类逐渐形成了"眼见为实"的历史观，让历史的记录与呈现更加生动、真实且富有说服力。

（2）声像兼有，视听兼备

在观众接收信息的过程中，电视画面生动变换的同时，声音也在他们的耳边响起，共同作用于观众的感官，使他们能够深刻理解和体会信息的全部内涵。相比之下，报纸和广播则是通过文字或语言将事实转化为媒介信息，这实际上是一种间接的转述方式。读者和听众只能根据这些转述来了解和想象所发生的事件，因此很难完全还原事件的真相。记者在进行转述时，很难做到丝毫不差、绝对准确，同样，读者和听众对新闻的理解和感受也不可能完全与原始事实一致。因此，报纸和广播新闻报道中不可避免地会存在一定的不确定性。

（3）一目了然，思维介入少

电视通过声像互动和对各种景物的逼真再现，使观众能够清晰地看到事件的发展，减少了他们运用思维进行联想、判断和理解的必要。正因为看电视时大脑的活动相对较少，麦克卢汉将其称为冷媒介。与报纸和广播所依赖的文字与声音能够激发丰富想象力不同，电视画面在营造真实感的同时，也削弱了观众的想象力。正如麦克卢汉所指出的那样，电视作为一种媒介，其参与度相对较低，呈现出冷媒介的特征。正因如此，电视已经逐渐转变为一种家庭伴随媒介，几乎有家庭的地方就有电视，即便它主要是作为一种听觉媒介来使用。

（4）线性传播，不可选择

电视和广播都属于线性传播方式，它们按照事物的自然发展顺序呈现画面，并根据媒介意图安排新闻顺序，这使得观众的选择变得有限。电视传播的内容转瞬即逝，若想保存声像资料，需要借助录制设备，这对普通观众来说存在一定难度。

电视传播的局限性体现在三方面。首先，观众的收视时间与所接收的画面内容均受到电视台的严格把控，电视台扮演着决定观众看什么、看多少的角色。这往往导致一种误导，即观众可能会认为电视上未播出的事件就未曾发生，其视觉体验被牢牢束缚在电视媒介所设定的议程框架之内。其次，电视图像看似是对客观场景的忠实记录，观众因此倾向于认为电视内容比其他媒体更为真实可靠。然而，即便电视镜头所展现的是人为设计的场景，观众仍可能将其视为真实画面，难以辨别其虚假之处，从而使得电视的欺骗性更为隐蔽且强大。最后，电视作为图像传播媒介，其传播方式侧重于直观展示而缺乏深入阐释的能力。因此，电视所呈现的往往是事物的表面影像，难以触及深层真相。如果缺乏语言的辅助解说，即便电视节目的编排再精彩动人，观众也往往难以仅凭图像洞悉事实的本质。

3. 全感互动的网络模式

随着技术的日新月异，互联网整合了文字、图像、声音等多种媒介手段，打造出一个交互性强、全链接、易于复制、时效极高且信息量无比庞大的新型媒介平台。鉴于互联网在通信、资料检索、客户服务等众多领域展现出的巨大潜能，它已不仅是一个单纯的信息传递渠道，而是逐渐演化成了一种全新的商业运营模式和生活方式，深深渗透进人类社会的每一个角落。基于网络架构的互联网电子媒介，其主要特点体现在以下三方面。

（1）融合一切媒介的媒介

网络是媒体全球化的强大推动力，能整合所有媒介，将传统媒体融入其中，实现个人、公共与传统媒体的深度融合。它融合了传统媒介特点，形成广泛传播结构，以非直线方式传递信息给大众。互联网集各种传播技能于一身，包括人际、组织和大众传播，是包含印刷、电影、电视等功能的全能信息媒介。

（2）具有多种传播方式

相比传统媒体，网络传播融合了多种手段，更具个性化，涵盖了人际、组织和大众传播，实现了新闻的点对点和点对面传播。在网络上，国界限制被淡化，各国人民能直接交流，加速了全球化进程。

（3）互联网是一种受众高度参与的媒介

互联网的传播方式实现了从点到点、点到面的全面覆盖，相较于以往任何媒介形态，它无疑是将自由性、个人化与公共性完美融合的典范，任何试图对其进行控制的努力都无法改变其这一根本特性。它犹如一张包罗万象的万维网，将全人类卷入了一个浩瀚无垠的信息交流海洋之中。互联网的传播模式是双向乃至多向的，其使用方式完全由用户自主决定，从而成为一种交互性极强的大众新闻媒介。网络新闻凭借其多媒体特性和互动性，能够为用户提供全方位的服务，通过海量的新闻资讯满足用户的多样化需求，并让他们在网络平台上实现直接且即时的交流。借助互联网，用户不仅能够如同观看电视般直观地目睹新闻事件的发生及其发展演变过程，还能够随时随地点击回放，反复观看，甚至发表自己对新闻事件的独到见解与评论。

第二节　新闻传播的概念与特点

一、新闻的认知

（一）新闻的概念与分类

1. 新闻的含义

关于新闻的定义，一直存在多种说法。我们可以将这些定义——无论是来自中国还是外国的新闻传播学家或新闻工作者，归纳为以下五方面。

（1）事实说

有一种观点认为，新闻就是实际发生或被传播出来的事实。这一观点强调，事实是新闻产生的根源，而非观念创造新闻，它为新闻传播活动奠定了唯物主义的基础，并明确区分于唯心主义观点。但值得注意的是，并非所有事实都能成为新闻，只有当事实具备新闻价值，通过媒介传播并被受众接受，进而产生显著社会效应时，它才能被称作"新闻"。由于新闻生产过程中涉及新闻从业者的信息筛选标准、传媒机构的运营策略，以及社会环境、政治和经济等多重因素的制约，新闻难以做到完全客观，必然会带有一定程度的主观色彩。

（2）报道说

报道说将新闻看作一种报道或传播的行为活动。新闻报道，简而言之，就是对已经发生的事实进行的概述。新闻与新闻报道这两个概念时常被人们混淆，原因在于，一个事实要成为新闻，必须经过传播这一环节，而传播的核心在于新闻事实本身，而非报道这一行为。新闻传播媒介经常性地报道和传播事实性新闻，这是一种具有社会属性的主体表达。在传播过程中，新闻作为报道的对象，是以内容的形式存在的。

（3）兴趣说或者趣味说

新闻的趣味性既能吸引受众关注新闻内容，又能激发受众的感官体验。所以，只要是真实且最新的报道，且能引发受众兴趣的事实，均可被视为新闻。虽然事实本身可能并不具备趣味性，但那些新近发生的重要报道，同样可以被看作新闻。这表明，趣味性并非新闻的必备要素，我们在处理新闻时，既不能忽视受众的趣味需求，也不能一味迎合受众的不良趣味。

（4）手段说

手段说认为，新闻是实现某种意图的一种实践手段。在历史特定阶段，新闻常被赋予完成政治任务的使命。支持这一观点的学者指出，为达成其肩负的使命，新闻能够报道事实、监督政府并批评官员。受此观念影响，新闻被视为一种既具有时效性、连续性及规律性，又能广泛传播的事实；同时，它也是通过评述或报道新近重要事实，来影响舆论的特殊工具。因此，新闻传播活动既带有阶级色彩，又具备舆论引导的功能。不过，需要区分的是，新闻本身与新闻传播事业有所不同：新闻仅仅是市场或行政主体用以引导舆论的媒介，其本身并不具有阶级性；而新闻传播事业则承载着舆论引导的责任，在阶级社会中往往体现出阶级属性。

（5）信息说

信息说认为，新闻是媒介所传递的、关乎事实的信息。当人们的生活环境发生显著变化时，他们亟须了解外界的动态。为了消除人们认知上的不确定性，新闻报道会以信息的方式传播开来，满足人们的好奇心和探索欲，这些反映环境变化的信息就是新闻。新闻的目的是向受众传递最近发生的事实或情况，这种说法着重于新闻的内容，认可了新闻的价值，并符合学术规范。

因此，我们可以这样定义新闻：新闻是通过新闻传播媒介传递的，受到广大受众关注的新近发生的事实或情况的信息。

2. 新闻的分类

根据不同的分类标准，新闻可以被划分为多种类型。依据主题划分，新闻可分为政治、财经、文旅、教育、医疗、体育赛事、国防科技、社会法治等；单就覆盖地区而言，新闻又可细分为全球、全国（或某国、某地区）、某城市及某农村新闻等；如果按报道形式划分，新闻还可划分为常规的新闻报道、现场解说型报道和调查报告报道等；此外，我们还可以把新闻区分为"硬新闻"和"软新闻"这两种类型，这是基于新闻与受众之间的关系而做出的区分。在这四种分类中，只有"硬新闻"和"软新闻"的划分是符合新闻传播学理论的。那么，"硬新闻"和"软新闻"具体是指什么呢？

（1）硬新闻

"硬新闻"指的是那些内容严肃，侧重于思想性、指导性和知识性的新闻，主要涉及政治、经济、科技等领域。这类新闻对公众有较大影响力，能引发深思，并具有明显的长期价值。硬新闻有四个显著特点：其一，其内容大多与民众

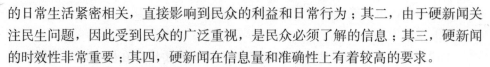

的日常生活紧密相关，直接影响到民众的利益和日常行为；其二，由于硬新闻关注民生问题，因此受到民众的广泛重视，是民众必须了解的信息；其三，硬新闻的时效性非常重要；其四，硬新闻在信息量和准确性上有着较高的要求。

（2）软新闻

"软新闻"是指那些充满人情味、风格轻松活泼，能够激发受众阅读兴趣、视听享受和感官刺激的新闻，比如社会新闻和体育新闻等。这类新闻具有即时满足的特点，能够活跃民众的情绪。软新闻因其内容的轻松愉悦而具备以下四个显著特点：其一，软新闻的主要功能是丰富民众的业余生活，调节民众的情绪，对民众的切身利益不产生直接的重大影响；其二，软新闻中的观点和信息对民众的生产生活影响不大，因此不必急于了解；其三，软新闻在报道和传播上没有严格的时效性要求；其四，虽然软新闻在严谨性上不如硬新闻，但它需要语言风趣、文笔灵动，能够吸引民众的阅读兴趣。

综上所述，硬新闻在新闻报道中占据着核心地位，它与民众的生活和发展紧密相连。因此，硬新闻报道必须确保准确性和时效性，以便让民众能够迅速掌握政策动态。这一点对国内外所有严肃的新闻传播事业来说都至关重要。相比之下，软新闻在内容选择上需要更加注重品质，确保内容的健康性，不能为了追求轻松有趣而牺牲原则。新闻传播媒介在传播新闻时，应当根据民众的喜好来安排内容，以硬新闻为主导，以软新闻作为补充，这样才能提升新闻传播的质量和传播效果。

（二）新闻的原核与原生

1.新闻本质的精神现象

新闻本质上是一种精神层面的表现，它体现了新闻传播者对社会生活的主动思考和反应。世界分为物质和精神两大领域，物质世界独立存在，而精神世界则是对物质世界的反映。

从根本上说，新闻只是客观事件在社会中的反映，它并不代表事件本身，而是更多地体现了人们对这些事件的感受和态度。新闻是对事实的陈述，因此，其本质在于确保对客观事实的准确报道，是一种基于客观事实进行传播的意识活动。新闻对客观事物的反映，实际上是建立在公众心理和情感表达的基础之上的。

新闻内容不仅描述了客观事实，还体现了人们对这些事实的认知和反应。由于个人是社会的一部分，其行为和意识都无法脱离社会关系。因此，新闻所展现的这种精神现象并非个别人的，而是整个社会精神风貌的反映。作为社会意识的一个组成部分，新闻具备其他社会意识形态所共有的特性。

在新闻这一社会意识形态里，新闻传播者作为认识和反映客观世界的主体，在报道客观事物信息时并非完全处于被动状态，而是具备主观能动性。按照辩证唯物主义的观点，事实是新闻的来源，构成了新闻的客观内容，新闻必须忠实于事实。然而，新闻也是新闻传播者根据事实进行选择性报道的产物。由于新闻传播者的政治立场和价值观各异，他们对同一新闻事件可能会有不同的评价，形成不同的舆论导向和价值取向。

新闻具有主观能动性，原因在于人类活动与动物活动有着根本区别。此外，新闻工作者在反映社会生活之前，都会设定一定的目的和计划，依据这些目的和计划来选择事实、撰写新闻并传播新闻。这样一来，新闻在反映社会生活的过程中就融入了新闻工作者的目的性和主观倾向性，从而使得新闻在反映社会生活时具备了主观能动性。

新闻传播者的主观能动性主要体现在他们的主体意识上。这种主体意识涵盖了新闻传播者在传播过程中的主导角色、精神驱动力及对传播对象的社会责任感。在主导地位方面，新闻传播者在新闻传播活动中起着领导和控制的作用，不应仅仅从被动或表面的角度去看待事实和新闻，避免陷入机械决定论的误区。从精神动力角度来看，新闻传播者的"生存意识"和"成就意识"是推动他们不断前进的动力。

2.新闻传播导向下的新闻特性

新闻具有六个特性。

（1）新闻必须真实

所谓真实，是指人们主观上对客观外界事物真假进行判断的一种认知活动，或者说是客观事物在人脑中的反映。新闻内容涉及的客观事物或认知活动是客观存在的，但民众对这些客观事物的理解却是主观的。因此，确认新闻内容的真实性是一个复杂的系统，涉及许多影响判断的因素。从辩证唯物主义的角度看，内容的真实性反映了客观事物实际发生的逻辑关联；而从实际操作的角度来看，内容的真实性则体现了哲学观念、思想价值观等意识层面的东西。

新闻传播媒介是传递新闻内容的主要渠道，而新闻信息须真实反映客观事物，这影响着民众对信息的认知判断，因此，信息的真实性至关重要。新闻的核心特征在于真实、准确地展现客观事物或活动，这是新闻存在的基石。新闻的真实性聚焦于客观存在的事物，所以其信息的准确性要远高于文学性或哲学性。文

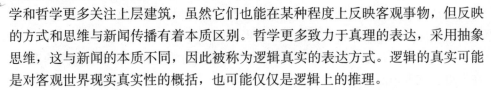

学和哲学更多关注上层建筑，虽然它们也能在某种程度上反映客观事物，但反映的方式和思维与新闻传播有着本质区别。哲学更多致力于真理的表达，采用抽象思维，这与新闻的本质不同，因此被称为逻辑真实的表达方式。逻辑的真实可能是对客观世界现实真实性的概括，也可能仅仅是逻辑上的推理。

（2）新闻要具有及时性

新闻所呈现的内容是关于客观事物或活动的，这就不得不强调信息的时效性，这也是新闻的核心价值所在，因为一旦新闻过期，其传播意义便大打折扣。从字面含义上讲，"新"蕴含着时间的新近性，而"闻"则意味着消息，"新闻"指的就是新近发生的消息，因此"新"的重要性不言而喻。新闻的即时性是衡量其是否符合新闻特性的关键要素。新闻与历史是相互对应的，历史记录的是过去已经发生的事情，是对过往的回顾和研究，而新闻则是在事件刚发生时就被关注和传播的，这是新闻的一大特点；相反，事件经过较长时间后才被阐述和分析，则更符合历史的一般特征。

（3）新闻必须具有新意

新闻的新意在于阐述事物的变化，迅速且详尽地反映事情发展的最新进展。这是新闻的一个显著特点，也是它区别于历史的关键所在。新闻的新意主要体现在以下五个方面。

第一，新闻的新意体现在时间维度上，它强调事情发生的时效性，呈现出鲜明的动态特征。一旦失去了时效性，新闻就失去了其存在的价值。

第二，从内容角度来看，新闻所呈现的事实必须具备新颖性。尽管有些事实每天都在发生，但并非都能成为新闻，只有当它们展现出某种新颖性时，才可能成为新闻。同样，有些事实虽然早已发生，但如果新近被发现且具备新意，同样可以纳入新闻的范畴。此外，如果不同的新闻传播媒介所传递的信息内容各异，那么这些信息就可以被视为不同的新闻。

第三，从事物发展的角度来看，新闻所揭示的事实的新意是不断演变的。在事物的发展进程中，各种矛盾可能处于暂时的平衡状态，使得变化不易察觉。然而，一旦某个矛盾发生突变，这种平衡就会被打破，展现出全新的态势。世界在持续演进，生活如同奔流不息的河流，总有新事物涌现，因此，新闻传播事业始终充满活力。

第四，从报道的角度来看，新闻报道应当寻求新的视角和广阔的视野。事物在发展过程中总是展现出多维的面貌，新闻传播者完全有能力从多个层面挖掘事实中的新意。

第五，通过事物之间的比较，新闻的"新"得以凸显。新闻报道如果经常关注过去与现在、现在与未来、大小、多少、真假、美丑、善恶等对比，就能不断发掘出有价值的新闻。

（4）新闻具有敏感性

新闻工作者须具备高度的敏感性，这意味着他们要紧跟时事步伐，时刻关注事实发展的最新动态。与历史记录不同，新闻报道的内容要求新颖且具有鲜明的时效性，它是对瞬息万变的世界进行深入观察后的敏锐捕捉。在这方面，复旦新闻学院童兵教授对新闻敏感性的阐述既深刻又透彻，为我们提供了宝贵的理论见解。童兵教授强调，新闻题材往往经历一个由普通事实向新闻事实转化的过程。一般而言，一个事件的发生初期，往往伴随着细微的量变，这些变化尚未达到引发广泛关注的程度，因此只能被视为普通事件。然而，当这些量变积累到一定程度引发质变时，普通事件便因具备了新闻敏感性而升级为新闻事件，从而吸引公众的眼球。但随着时间的推移，如果新闻事件没有新的量变突破，其新鲜感会逐渐减弱，最终可能重新回归普通事件的行列。这便是新闻发展遵循的一般规律。

新闻的敏感性在于不断融入新信息。如前所述，普通事件随着量变的累积引发质变，从而转变为新闻事件。若新闻题材持续演变和增加，新闻工作者须迅速报道，以保持新闻的新鲜度，紧跟事件变化，这凸显了新闻显著的敏感性。

（5）新闻要有直观性

新闻的直观性意味着民众能够直接目睹新闻事件的原貌，通过各种方式如画面、声音等来了解事件。通过直观的新闻场景，民众能清晰了解事件的来龙去脉。这种直观性提升了民众对新闻事件的关注度，因为那些直观且震撼的真实场景往往能迅速吸引人们的注意，让人们更加聚焦于新闻事件。新闻的直观性具备以下两个特征。

第一，新闻的直观性首先作用于民众的感官体验。新闻报纸以其强烈的视觉冲击力，极大地吸引了民众的注意力，并增强了他们对新闻内容的记忆与情感共鸣，这种直观的呈现方式是单纯文字所难以比拟的。广播新闻则利用声音的魅力传递新闻信息，播音员的声音富有感染力，能够有效激发民众的听觉感知，迅速触动他们的神经，引导他们快速沉浸于新闻情境中，同时激发听众的想象力，在脑海中勾勒出新闻画面。而电视新闻更是将视觉与听觉完美融合，其生动形象的播报方式不仅具有强烈的感染力，而且记者的现场解说能够引导听众深入理解新闻的核心要点，对新闻传播起到了极大的推动作用。

第二，新闻传播在听众的心理层面表现为一种直接明了的传达方式，原因在于新闻蕴含丰富的叙述价值，并且相较于文学作品，新闻更易理解。新闻的意义在于它能迅速吸引并让观众理解其内容，因此，新闻信息必须能够直接呈现，以彰显其时效性。随着信息时代的飞速发展，人们对信息的渴望越发强烈，信息传播的方式日益多样化，速度也越来越快。因此，民众期望通过一种受欢迎且高效的方式迅速掌握时事新闻。新闻传播使得人们能够轻松获取自己感兴趣领域的各类新闻与信息，这种直观的感受不仅丰富了人们的认知，还能帮助他们在海量信息中筛选出熟悉的内容。人们对信息的强烈需求是一种天性，唯有直观呈现的新闻内容才能满足这一需求。

（6）新闻必须经过新闻传播媒介传播

新闻要发挥其作用，关键在于能够触及受众并产生广泛的社会效应。将事实转化为新闻并传递给受众，这一过程并非自然而然发生，而是需要新闻传播媒介的助力。这些媒介可以是诸如文字、声音、图像等传输手段，也可以是从事新闻传播的个人或机构。事实是独立于人的意识之外的，而新闻作为对事实的再现，同样具有客观性。然而，由于新闻传播媒介受到多种因素的制约，它们无法对所有新闻事实进行全面报道。

故而，在审视新闻活动时，我们应当将视角拓宽至全球范围内的新闻传播实践，秉持实事求是的原则，深入剖析每一环节。首先，随着新闻传播行业的蓬勃发展，相较于人际小规模的信息传递，专业化的新闻媒介机构凭借其强大的传播能力，能够实现新闻信息的全方位覆盖，使新闻成为公众皆可触及的信息资源，且这种共享的范围越广泛，新闻所承载的价值便越发凸显。其次，鉴于客观世界的无限广阔与瞬息万变，新闻事件层出不穷，即便是如美国有线电视新闻网（CNN）这类全天候新闻服务机构，也难以捕捉并报道世间每一个角落的新闻。面对这一现状，新闻传播媒介不得不采取一套严谨的筛选机制，依据新闻事件的价值含量，审慎决定哪些信息值得传递给公众。最后，我们必须正视的是，新闻传播媒介在运营过程中，可能会因经济利益的诱惑或政治力量的干预，而偏离其应有的职责，传播所谓的"伪新闻"，即将非新闻信息包装成新闻形式进行传播。此外，还存在一种较为罕见的情况，即新闻传播媒介在特定时期选择对"重大新闻"保持沉默。然而，这些现象仅是新闻传播历程中的个别案例，随着时代变迁与舆论环境的变化，此类僵局终将得以破解。即便某些媒介未对某条新闻进行报道，其他媒介也会迅速补位，或是从其他角度对该新闻进行解读。

（三）如何体现新闻的客观性

1. 新闻客观性的阐述与传播

新闻的客观性是指新闻报道能够忠实反映事物真实状况的特性。新闻的核心在于陈述和传播实际发生的事件或真实的人物经历，这些内容不容许主观臆造，必须基于客观事实。这些事件的发展脉络往往通过具有内在联系的媒介得以展现，从而揭示了事物发展的普遍规律。新闻传播依托于特定的渠道与手段，有的依赖文字叙述，有的则利用实景影像，但无论采取何种形式，都须坚守客观性，避免主观意志的介入。总体来看，我国新闻理论界对于新闻客观性的探讨颇为深入，但观点各异。有人虽在原则上肯定新闻客观性的存在，但在具体阐述时却以新闻的倾向性来削弱其地位；有人则将新闻客观性、真实性和公正性等概念混淆，从而抹杀了新闻客观性的独特性质；还有人因受西方新闻学者观点的影响，从新闻传播者的角度出发，将新闻客观性与"客观态度"视为同一概念，这同样未能准确把握新闻客观性的本质。

2. 新闻客观性的看法与倾向

彭家发教授所著的《新闻客观性原理》在中国台湾地区是研究新闻客观性问题的经典之作，书中详细列出了相关研究的参考文献。针对新闻客观性，彭家发教授通过广泛查阅文献资料，总结出了学术界对"新闻客观性"的基本认识：新闻因采访者、受访者、新闻编辑等各工作环节中各负责人主观想法的影响，其客观性并不完全，而且新闻也没必要完全客观，当然新闻也不可能完全客观。彭家发教授的阐述全面而深入地反映了国内外学术界在新闻客观性问题上的基本立场和倾向。

（1）新闻不客观

英国格拉斯哥媒介小组运用社会学的研究方法，从客观视角出发，深入剖析了英国电视新闻内容的本质，意图揭示民众、政府决策与媒体传播之间复杂而微妙的关系。为了探究受众对信息的接受程度，该小组设计了一项游戏化的测试。在这个游戏中，参与者是核心，他们被划分为不同的群体。每个小组都会收到一份新闻报道的图片，并要求每位成员在观察后撰写个人感受，以此作为分析他们主观认知的依据。

经过上述测试，我们发现当新闻内容以电视播放的形式进行传播时，动态的画面与声音的结合使得受众更容易被其感染，相较于仅依靠文字和图片的报纸报道，电视新闻具有更强的感染力和渗透力，因此更受人们的喜爱和关注。人们常说"眼见为实，耳听为虚"，只有亲眼看到的画面才更容易被接受。而广播员仅凭声音传播信息，难以达到画面带来的震撼效果，其说服力也不及电视新闻。格拉斯哥小组的研究结果有力地揭示了众多广播公司新闻报道中存在的诸多不真实、不客观的问题。对于现代主义坚持的理性、绝对、客观和真实至上的立场，后现代主义提出：世界上无绝对科学或绝对的判断，一切对事物的认识都会根据认知主体所处立场的变化而变化。后现代主义将一切事实都视作"所谓的事实"，并对这些"所谓的事实"抱持着普遍的怀疑态度。这一立场清晰地揭示了一个观点：客观性仅仅是一个理想化的追求，而在现实社会的新闻报道中，客观性是无法完全实现的。

（2）新闻不必客观

持有这一观点的学者主张，新闻报道无须刻意追求客观性，原因在于新闻传播媒介在很大程度上扮演着国家或政党利益的守护者角色。在这样的利益框架之下，媒体往往被要求与主流意识形态保持高度一致，难以保持其应有的独立性。尤其在一些专制体制的国家中，新闻客观性甚至可能被异化为维护统治的工具，从而丧失了其原有的功能和价值。另外，部分自由主义者同样对新闻的客观性持怀疑态度，他们推崇新新闻主义的理念，倡导将文学的创作手法融入新闻报道之中，强调对话、场景、心理刻画及细节描写的重要性。这种新闻报道模式充满了鲜明的小说化特质和强烈的主观色彩，使得媒体在提供解释性报道和分析性报道时，对客观性的要求与重视程度有所降低。鉴于缺乏明确衡量客观性的标准，加之客观性本身可能存在的局限性和不值得盲目追求的现实，新闻报道的客观性原则虽然在表面上依然被奉为"新闻业的信条"，但实际上已陷入了现代新闻学领域的一个深刻困惑之中。

（3）新闻不可能客观

秉持这种观点的学者认为，新闻如同其他文学或文化形式一样，是遵循一定常规而展现出来的，所以无法实现真正的客观性。掌控媒体的人并非中立、无情感的机器，他们拥有各自的思想倾向，并且在看似客观的表象之下，他们也有自己的生活经历和价值观念。新闻之所以难以实现客观性，新闻报道难以做到完全客观，主要原因可以归结为以下三点。

第一，从人类认知能力的角度来看，新闻报道要实现客观性并非易事，因为从业者的个人主观性（他们的筛选和判断过程）对客观性的把握起着至关重要的作用。在记者着手报道某一事实之前，他们已有的生活经验、认识问题的方式及思维习惯已经根深蒂固。在新闻报道的筛选过程中，他们会受到来自多方面的影响，这使得他们很难做出完全不受干扰的客观判断。

第二，从社会大系统的角度来看，新闻界不可避免地会受到来自社会的多方面影响。这些影响主要体现在政治控制和经济牵制两方面，它们是深刻影响新闻媒介、政府机构及社会其他系统的重要力量。

第三，从新闻媒介组织的权力架构与文化氛围的角度来看，要实现客观性同样面临着巨大的挑战。虽然新闻报道的客观性原则要求新闻报道基于事实且保持中立，但新闻机构与其他社会组织一样，会因一些外界或内部因素的影响做出违背本心的行为。应该说，作为社会的一分子，新闻工作者往往难以为了坚守专业理念而完全超脱于组织之外。媒介组织的运作机制实际上在很大程度上影响了新闻客观性的把握。记者和编辑作为媒介内部组织系统的一员，他们的行为不可避免地受到媒介系统的限制；同时，媒介组织作为社会大系统的一个组成部分，也必然受到社会的各种制约。这些复杂的关系和限制共同决定了客观性在实际操作中难以实现。

总体来说，"新闻不客观""新闻不必客观""新闻不可能客观"这三种看法都有其合理之处。其中，"新闻不客观"主要是基于人类认知能力的局限性，认为新闻报道很难做到完全客观；"新闻不必客观"的论点则是建立在人类天生就难以做到完全客观的前提之上，认为既然人本身就有主观性，那么新闻也就没有必要刻意追求客观性；"新闻不可能客观"这一观点实质上是在强调，由于人类存在众多主观因素，因此新闻在本质上就不可能做到完全客观。

然而，这并不意味着人们应放弃对客观性的追求与期待。尽管实现客观性面临诸多困难，但仍须努力克服内外限制，力求达到最大限度的客观。历史上，客观性确实遭受过质疑与挑战，但对新闻客观性的追求始终是主流。客观性还是新闻专业主义的关键标准，新闻传播者应致力于向受众传递客观的新闻。

二、新闻传播的概念

关于新闻传播的含义，中外理解可以概括为以下五方面。

"事实观"认为新闻即事实或被传播的事实，代表人物有美国新闻学家弗兰克·莫特和我国记者范长江。

"报道观"将新闻视为报道或传播行为，陆定一持此观点。事实须经媒介报道才成新闻，但报道本身不等同于新闻。

"手段论"认为新闻是实现特定目的，尤其是政治目的的工具，日本新闻学家小野秀雄和我国新闻学家甘惜分教授持此看法。

"兴趣论"或"趣味论"则将新闻视为能激发受众兴趣，特别是感官刺激的因素。

"信息说"认为新闻是通过传播媒介传递的关于事实的信息。传统上，新闻被定义为已发生的事件，即过去的事。然而，现今许多新闻都是预测性的，属于未来时态，报道时事件可能尚未发生，这被视为新闻的一种超前呈现。大数据可能提升新闻的预测能力，但鉴于未来的不确定性，这些预测性新闻可能会发生变化。

三、新闻传播特点

新闻传播的特点众多，简单来说，主要有以下七点。

1. 体系性

新闻传播是一个综合过程，涉及多种要素，因此具有体系性。首先，传播内容包含实景、声音及噪声等多种元素。在传播过程中，传播者会加入个人主观因素，而受众在接收信息时也会受个人心理影响，对新闻内容产生不同理解和感受，这让传播过程变得复杂多变，并导致信息差异，这些差异受到历史、文化、社会等多方面因素的影响。其次，真实的新闻传播过程包含许多复杂因素，它们相互作用并经过长期发展形成了独立的体系。该体系内的各部分相互融合，构成一个完整的信息体，同时，这个体系也置身于广泛的社会背景之中。

2. 双向性

在新闻传播里，不仅有负责传递信息的传播者，还有接收信息的受众，他们相互关联，共同构成了一个整体，从而体现了新闻传播所具有的双向性特征。尽管传播者与受众各自独立，但他们之间却构建了一个独特的信息反馈机制。其中，人际传播和网络传播因其高度双向互动而显得尤为突出，相比之下，组织传播和大众传播的双向性则较弱。不过，无论强弱，双向性始终是新闻传播的一个显著标志。

3. 目的性

传播之所以带有目的性，是因为作为传播主体的人，其行为总是伴随着明确的目标。与动物的行为不同，人类的传播并非简单的非条件或条件反射，而是一种有意识的精神活动，具有自觉性。通过信息的传递，我们能够在一定程度上减少不确定性，揭示未知。事实上，人类的各类传播活动都蕴含着一定的目的性和自觉性。

4. 双重性

双重性是指传播所采用的手段、工具和媒介都具有两重性质。信息作为传的媒介，既包含有形的符号作为物质载体，也蕴含无形的意义作为精神内容，两者紧密相连。符号是可见且可感知的，是理解他人意图的关键；而意义则是隐含且潜在的，是传播生效的必要条件，二者缺一不可。

5. 社会性

在传播学领域，人类作为传播的主体，其根本特性在于社会性，这使得传播活动不可避免地被打上了社会的烙印。人类的传播行为在社会环境中展开，既促进了社会关系的构建，又映射了这些关系的存在。试想，若缺乏人类社会这一背景，个体间的沟通与协作便无从谈起，信息的产生与传递也将失去土壤；反之，若传播不复存在，人们便难以集结，无法形成特定的社会关系，人类社会亦无从构建。当社会关系一旦确立，传播者与接收者便各自扮演着特定的社会角色，他们交流的内容、方式乃至表情，都会透露出彼此间的社会关系。

传播还具备时空上的广泛覆盖性，它无时无刻不在发生，无处不在地影响着我们的生活，作为人类生存与发展的基石，其重要性不言而喻。

6. 共同性

共同性着重于传播者与接收者对信息含义的共同理解。如果信息没有被接收者所接受，那么这样的传播便是不完整的，不能称之为真正的传播。一个完整的传播流程是：传播者首先进行编码，把想要传达的意义转换成符号，并借助媒介传递给接收者；接着，接收者对这些符号进行解码，将它们转化为自己理解的意义。编码和解码的过程依赖传播主体已有的符号体系、认知框架和知识背景，而这些符号所蕴含的意义是大家普遍认可的。为了确保传播的顺畅进行，传播双方所使用的编码解码工具必须一致或存在共通之处，即双方对符号的解释需要达成共识。

7. 共享性

信息与物质不同，它能被瞬间复制无数份，即便分享给他人，原拥有者也不会失去它。在信息的传递、交流和扩散过程中，一个人所掌握的信息在让其他人获得的同时，自己仍然能够保留。所以，信息的传播实质上是传播者和接收者共同享有信息的过程。此外，传播的形式多种多样，包括口语、文字、图像等。人类的几乎所有行为都伴随着传播活动，不断释放出各种信息。因此，传播还具有行为伴随性和普遍性。人们的动作、表情、言语，无一不在向他人传递着特定的信息。

第三节　新闻传播的本质与结构

一、新闻传播的本质

新闻的本质是探究新闻内在的核心特性，是新闻与其他意识形态相区别的根本所在。当前，人们的研究大多聚焦于新闻的外在表现，无论是将新闻视为新近发生的事实信息，还是看作一种关键的新事实，都仅触及了新闻的表象。尽管我们需要通过新闻的外在形式来认识其本质，即从具体事实入手，但事实本身并不等同于新闻的本质。本节研究的主要任务是，通过分析事实来深入新闻的本质，然后再回到对新闻事实的深刻探讨上。

（一）新闻的事象与事态

1. 新闻的事象

新闻的事象是指那些构成新闻事实的多元、动态且可感知的元素，它们是每个瞬间所展现的事实迹象，包含了所有能被人们感知的细节，并能被记者生动描绘。首先，事象是构建事实的基本自然元素，当事实出现并存在时，它就呈现为一个由多个事象交织而成的复杂系统。没有哪个事实是孤立无因的单一现象，而是多种因果相互交织的结果。这些因果关系的迹象，构成了事物在时空中的连续运动，记者的感官能够捕捉到这些迹象并进行描述。事实独立于记者的意识之外，仅仅发现事实的存在，还只是发现了它在特定时空中的交织状态。其次，事象就像是围绕事件的一个现象圈，让事实以多条线索的现象序列形式展现出来。而最终，事象与事实的本质可能并不总是一致的。事象是事实的外在展示，是记者可以直接感知到的，其中有些事象可能从某个特定角度反映了本质，而有些则与本质无直接关联。

理解和把握事象至关重要。首先，新闻报道需要借助多个事象来还原事实，将事实拆解为事象，能确保新闻基于完整或核心事实展开，同时避免仅关注细节而忽略整体情况。其次，通过评估事实中的不同事象，我们能分辨出哪些事象更具价值，识别新闻的关键要素，并深入报道主要事象，揭示新闻的真实内涵。再次，在处理多个事象时，记者首先要全面理解新闻的背景框架，然后围绕核心事象构建事实。最后，需要协调地安排这些事象，使其成为有价值的组成部分，确保事实的各个方面都能和谐展现。

2. 新闻的事态

新闻的事态指的是新闻里所有事实之间相互关联的总和，它展现了事实之间各种联系的走向，涵盖了多种事实及现象间的状况和趋势，构建了一个以人和事件为核心的事态链条。这个概念在维特根斯坦的《逻辑哲学论》中有所提及，他认为"事态描述的是事物的状况，而事实则是实际存在的状况，表明事物必定处于某种状态，并且相互之间必定保持着一定的关系。世界的本质是由事实的总和构成的，而非事物的简单堆砌，即事物必定处于某种状态之中，并且这些状态是相互关联的"。

新闻事态是由事态与物态共同构成的。

（1）事态包含物态。在事态中，常有一些物体被人或组织使用，这些被使用的物体就是物态，如日常用品、工具、武器、食品、建筑、场所或自然物等。物态是新闻事态的载体，新闻事态总是依赖物态来表达和传递。

（2）物态与事态之间频繁发生"使用"和"被使用"的关系，这构成了一系列生动的事实现象。事态无法脱离物态而存在，任何新闻都是这两者紧密结合的产物。在事态的发展中，物态的介入很常见，即某些物体被个人或社会组织所利用，成为事实中的被动实体。这些物态可以是日常用品、工具、武器、食品或自然物等，它们在事态中扮演着附加成分的角色。缺乏这些物态，就无法构成完整的事实。对人来说，新闻中的人物往往是进行着各种活动的个体，他们必须与某些物体发生关联，才能形成一个完整的事态体系。这种相互关联的纽带及其变化，构成了新闻的外在框架。

（3）事态与物态之间的关系并非仅仅是简单的结合，而是必然性与偶然性的融合体现，新闻中广泛呈现的事态揭示了事实发展的内在规律。记者正是通过这一点来洞察事实的走向和本质，进而评估事实的价值。尽管事态与物态在表面上看起来紧密相连，但它们之间的联系并非纯粹的偶然，而是必然性与偶然性的综合体现。然而，记者在实践中往往容易忽视这一点，要么只关注人而忽略了物，要么只关注物而忽略了人，导致物态与事态相互脱节。新闻中的每一个现象都只是事实本质的一个方面，记者通过采访所获得的事实通常是片面的、表面的、局部的，并且这些事实常常是多变且短暂的。从整体来看，事象比本质更为丰富和生动，而本质则比事象更为深刻和稳定。一篇好的新闻报道应当能够同时体现这两方面，全面展现事实的内在联系。

（4）新闻实体并非仅凭事态就能构成，它需要事态与物态的紧密结合，共同塑造出新闻的外在形态。为了准确再现事实的本质，记者必须深入理解事态中蕴含的这种特殊内在结构，并据此评估事实的认知价值。每一条新闻都须借助一系列事象来展现，而这些事象各自从特定的关联角度揭示了事实的本质。只有当新闻建构中融入了这种关联性，才能产生预期的传播效果。因此，新闻事实所揭示的内在联系，旨在帮助受众理解事件的必然性和影响力，这种理解是事象与本质相互统一的体现。面对事象与本质之间的关系，记者必须全面审视，不可偏废。倘若只关注二者的统一而忽略其可能存在的对立，就会忽视深入采访的重要性；反之，如果只强调对立而忽视其统一的一面，就会否认通过事象来洞察事实本质的可能性，导致采访工作变得盲目无绪。

（二）事实与新闻的要素

1. 新闻事实的定义

事实是客观存在的事物、事件或现象的真实状况，涵盖原生、经验、历史、现在及将来等各种情况。在新闻报道中，它分为新闻事实和一般事实（非新闻事实）。

（1）事实的特征

首先，事实并非空洞无物的抽象符号，而是我们能够亲自看见、亲耳听闻的具体现象，正因如此，事实才能够被人们所感知并详尽描述。这种可感知性是事实的一大核心特征，正如古语所言，"眼见为实"，这正是对事实可感知性的生动诠释。其次，事实的客观性是其本质属性，它独立于人的主观意识之外，是一种实实在在的客观存在，具有普遍、绝对且永恒的价值。再次，事实通常是可知的，并且可以被清晰表述。那些无法被认知或无法被清晰陈述的现象，我们通常不将其视为事实。事实，本质上是对那些可认知、可清晰表述的信息的一种准确描述，在某种程度上具有明确性。此外，事实并非一成不变，世界上不存在静止不变的事实。事实的因果变化及不同事实之间的相互依存，构成了事实的内在联系；而事实中的事态与物态的关系及其演变过程，则构成了事实的外部联系。最后，事实的内在联系揭示了其本质，而外部联系则展现了事实的表象。事实就像是社会的细胞，构成了社会的基石。自然界由物质构成，而人类社会则是由事实构成的。事实的发生与发展是社会的一种普遍现象，每时每刻，事实都在反映着社会的动态变化，它们的相互生成与更新，正是社会发展状态的生动体现。

（2）事实对于记者的制约

记者在工作中受到事实的多方面制约，具体体现在以下三个方面。首先，事实的独立性对记者构成了基本限制。事实独立于记者的认知之外，记者的发现仅仅是确认了其存在。若没有某地新近发生的事件，就无从谈起关于这一事件的新闻报道。在记者触及之前，事实已然以客观形态存在着，而记者的发掘与报道使之转化为新闻事实。其次，事实并不因记者的主观认知而改变，若记者不能基于事实的客观存在进行报道，就无法准确地反映真实世界。事实作为一种客观存在，要求记者若想探寻外界的真理，就必须精确挖掘并描述这种客观存在，同时依据其原生状态深入探究其本质。在此意义上，事实实际上约束了记者的主观臆想，而客观新闻报道的原则正是在这一基础上得以贯彻。最后，事实的内在与外在联系也对记者的报道产生制约。不深入探究事实的内在联系，就无法揭示其本质。记者须在实践中细致观察、深入采访，才能发现和认识事实；他们必须把握事实的关键环节，捕捉最能体现事实本质的现象，才能真实再现事实的原貌。此外，记者还须关注事实的具体细节及其发展进程，以确保新闻报道能够全面展现客体的全貌。同时，由于事实的发生具有时间性，其变化随时间推移而展开，因此，在陈述事实时，离不开对时间转换的准确把握。

2. 新闻的要素

新闻要素是构成新闻的基本成分，包括谁（主体）、发生了什么（事件）、何时何地（时空）、结果如何（怎么样）及原因（为什么），这些被概括为"五个W一个H"。

3. 新闻要素之间的关系

（1）新闻通过列举事实要素来搭建起新闻事件的基本框架，每个要素都是事件的组成部分，共同呈现新闻全貌。

（2）新闻的主体是引导性要素，可以是人或物，解答"谁"或"什么"的疑问。

（3）事件展现了事实主体间的联系和作用，常通过"何时、何地"的时空背景来体现主体与环境的互动及事实冲突，最终呈现"怎么样"的结局。

（4）"为什么"是新闻的核心本质。记者须了解主体行为和事物走向，必要时揭示因果关系，展现"为什么"的要素，揭示事实内在联系和本质。

（三）新闻事实的类型与结构

1. 一般事实与新闻事实

通常所说的一般事实，指的是那些不具备传递新信息功能的事件，它们在自然界和人类社会里频繁且持续地发生，是人们习以为常、处于自然状态下的事物。这类事实具备几个显著特点：首先，它们的发生具有必然性，是客观世界规律的一种直接或间接体现，且往往具有相似性；其次，每个一般事实具体在何时何地发生却难以预测，带有不期而遇的偶然性质；再次，由于一般事实频繁重复出现，显得极为常见，不易引起人们的关注，因此大多数情况下它们被排除在新闻报道之外；最后，一般事实的数量庞大且持续不断地产生与消失，新旧事实随着时间流逝不断更迭，共同构成了世界变迁的连续过程。

然而，一般事实在新闻报道中扮演着不可或缺的角色。一方面，它们可能是奇异或重大事件的先兆或后续，通过持续的跟踪与观察，记者往往能最先察觉到这些不寻常的事件。同时，部分一般事实还能为奇异或重大事件提供背景铺垫，尽管在筛选和编辑新闻时，大部分一般事实会被淘汰，但仍有一小部分能作为新闻素材被采用。另一方面，记者在确定哪些事实是重要或奇异时，往往是与一般事实相比较而言的。那些频繁且重复出现的事实通常被视为一般事实，而罕见或偶尔发生的事实则对记者而言更具新闻价值。

新闻事实指的是记者精心挑选出来的、具有告知价值的事实，它们兼具客观性、真实性和片段性特征，涵盖了当前事实、历史事实及预期将来会发生的事实。新闻事实具有三个特点。首先，新闻事实具备"新知性"，即它必须是多数人尚未知晓的现象或事件。一旦这些事实被大众广泛了解，它们便失去了作为新闻事实的属性。换句话说，新闻事实的核心在于其新颖性，是信息海洋中的新知宝藏。其次，新闻事实还必须满足"人类求知欲"的特性。它们必须能够提供人们渴望了解的信息，"前所未有"往往是衡量这种需求性的重要标尺。因此，相较于浩如烟海的一般事实，新闻事实是稀缺且珍贵的，需要记者具备敏锐的洞察力，四处探寻并仔细甄别才能发掘。在信息爆炸的今天，这一点尤为重要。新闻应当是那些能够满足公众求知欲、具有深远意义的事实的集合，而非无关紧要、琐碎信息的堆砌。最后，新闻事实与一般事实常常交织在一起，新闻事实往往源自一般事实的演变，并可能包含一些无关紧要或缺乏新闻价值的细节。当一般事实遇到特定条件或特殊转变时，它们有可能转化为新闻事实，进入记者的视野。新闻报道的过程，就是不断筛选一般事实，从中挖掘出可能转化为新闻事实的元素。要从一般事实中发掘新闻事实，记者需要深入生活、融入社会，亲身体验各行各业的动态。特别是那些充满冲突、变化频繁、人们热议的地方，更容易孕育出新闻事实。记者还须时刻保持警觉，不放过任何外界提供的新闻线索，并在与一般事实的对比中确认新闻事实。此外，最关键的是，记者要用受众的视角去评估事实是否满足他们的需求，那些受众感兴趣、特别关注的事实，往往就是新闻事实。

2. 短促事实与连续性事实

短促事实指的是在短时间内发生且不再发展的事件。报道这类新闻时，若一次性展现所有事实要素，虽线索清晰，但仅能呈现一个孤立的世界图景。而连续性事实则是持续发展的事件，每篇新闻报道仅是其发展过程中的一个片段。

3. 硬事实与软事实

硬事实是指在新闻报道中，那些时空界限明确、无法随意变动的事实，也被称作固态事实。它们构成了新闻报道的基础框架，包括新闻事件中的具体人物、地点、时间、数据、服饰特征、颜色及事件发展的经过等。

硬事实具有以下五个特点。

（1）硬事实作为新闻报道中的核心要素，其时空概念和事实细节缺乏灵活性，必须确保准确无误。

（2）记者在处理硬事实时，没有改变其本质的空间，否则可能会面临失实的风险。

（3）硬事实的表现形式清晰明确，记者在对其进行识别和再现时，容易达成共识，通常会用相似的词句来描述。

（4）硬事实的反映较为直接且准确，甚至可以达到相当高的精确度。

（5）虽然新闻报道中可能不包含软事实，但硬事实是不可或缺的组成部分。

软事实是新闻报道中那些时空界限不够明确，难以精确界定，且富含情态与意态元素的事实。其中，情态事实侧重于展现现场的氛围和人们的情感波动，如同事实的呼吸与脉动；而意态事实则是对事实性质、意义及作用的深入阐释，体现了记者对事实的主观评价。值得强调的是，尽管蕴含丰富的情态与意态，软事实依然是客观存在的，不容记者主观臆造。

软事实具有以下三个特点。

（1）其表述往往较为模糊与含蓄，给予记者较大的发挥空间，既可详尽描绘，也可简略提及，展现出一定的灵活性。

（2）对于事实的情态与意态，记者可以采用多样化的语言进行表达，只要忠实于已发生的事实本身，即可自由发挥，这种多样性使得记者在重构现实世界时能够展现出不同的视角与风格，也是新闻报道风格多元化的重要源泉。

（3）软事实具有广阔的延展性，既可以被浓缩提炼，也可以被延展深化，甚至进行适度的艺术加工与渲染。在新闻娱乐化日益盛行的当下，软事实更是被媒体所重视，那些生动细腻的细节描写、强烈的画面感、丰富的质感，乃至仿佛能嗅到气味的文字，都成为这一时代软事实的鲜明注脚。

新闻本质上是一个事件，它具有时间跨度，可以被视作一种图式构造。麦茨曾强调，叙事的一个重要功能是根据故事时间创造出另一种叙事时间架构。构图就像是一幅凝聚了叙事精髓的图画，通过时间的压缩和内容的精简，接收者在多次浏览后能够重建出影像的时空感。这样，事件的深层意义在象征性的表达中得以重新呈现。一旦新闻的构图形成，它就具备了一定的稳定性，这种图式的相对性实际上是我们所生活世界的再现。记者的新闻报道，就像人们拥有的各种认知图式一样，本质上都是对客观世界的反映。这个反映过程是开放的，随着后续新闻的加入，旧的图式不断向新的图式演变，从而逐步揭示出世界的真实面貌。

二、新闻传播的结构

（一）新闻的形态

新闻的形态，简而言之，就是新闻中事态的发展、意态的表达及其展现方式的集合，它也被视为新闻的实际存在。事态与物态的结合，构建起了新闻的外在框架，让受众能够直观地感受到外部世界的丰富多彩。而新闻的意态，则是指新闻中蕴含的观点和思考，它揭示了事物发展的方向和趋势。这种意态具有多层面性，涵盖了事实的倾向性、类型及报道的角度。一般来说，新闻的实体可以划分为两大类别：标准新闻与非标准新闻。标准新闻，如消息、通信等，它们是对一桩或多桩事实的精心组织和呈现，为受众提供了条理清晰、具体明确的事件信息。而非标准新闻，则没有固定的"本报讯"或电头标识，也不遵循传统的导语模式，其事实的叙述较为自由，各种事实围绕一个中心主题随机展开。在这类新闻中，事实与分析相互交织，以揭示新闻的意义为核心，比如深度报道、新闻访谈等。

新闻形态构成的模式如下：

（1）最近点投射主题的模式。无论哪种新闻，记者都会从最新事实出发，揭示主题并陈述其发展过程。

（2）材料堆积模式。此模式通过收集丰富材料，围绕主题进行对比，用大量事实客观呈现主题。

（3）话语模式。新闻选取关键事实，用精练话语强调事态特征，直接点明主题。

（4）展示事实过程的线性模式。重视事实发展，从时空某点出发，逐步揭示事实演变及其内在联系，包括现象与本质、因果与前提条件等。

（二）新闻的建构方式

新闻的建构是记者有序地组织和整合各类事象与事实，让新闻具备实质内容并传达特定意义，同时展现出新闻的内在逻辑和外部形式。这种建构方式符合人们理解事实的习惯，形成了最佳的报道模式。本书将新闻的建构总结为以下四个关键步骤。

第一，新闻制作的起始点是选定事实的基础。新闻构建的首要条件是那些真实存在的新闻要素，如果没有这些事实作为支撑，新闻制作就失去了根基。

第二，当确定了新闻事实的起点后，新闻制作接下来要考虑的是如何有效地将这些新闻要素组合起来。这要求按照客观事实的表现需求，合理编排新闻的"五个 W"或"六个 W"要素，以便清晰地展现出新闻事件的发展线索。

第三，在建构新闻的过程中，还需要对新闻的组成部分进行合理的布局。新闻通常由标题、引言、正文、背景信息和结束语等要素构成，这些部分需要被巧妙地融合在一起。

第四，在建构新闻时，要兼顾有价值的一般性事实与新闻事实的相互穿插，以及硬性事实与软性事实的相互连接。将软性事实自然地融入硬性事实之中，打造出一篇充满活力的报道，这是新闻建构是否完美的关键标志。

（三）事实的品类与新闻的意义

1. 事实的品类

事实的品类体现的是事实在品质上的差别，这种差别赋予了事实引人注目的特质和影响力，通常涵盖事实的重要性、新颖度、趣味性及知名度。而事实的类别，实际上是事态所蕴含的各种意义要素，主要包括事实的分量品位、相关性品位和反常性品位。

（1）分量品位。在事实的品质中，重要性居首位，它指的是那些意义重大、能产生深远影响，并能引发社会广泛关注和讨论的事实。

（2）相关性品位。事实的相关性是指那些与受众地理位置接近、关乎个人切身利益或日常生活紧密相关的事实。

（3）反常性品位。事实的反常性体现在事实的异常、特殊、显著和有趣之上。

2. 新闻的意义

新闻建构依赖多个新闻事实，旨在创造新闻的内涵，这种内涵是推动人们观念变化的关键力量。通过挑选新闻视角和表达新闻倾向，新闻建构逐渐实现了意义的传递。

（1）新闻的角度是指新闻事实中某一或某些元素所体现出的特定意义特征，这些特征分为主要和次要两类，每一个角度都从不同侧面反映了事实的某一特质。

（2）新闻的倾向性主要体现在新闻工作者及其所属媒体机构的新闻价值取向上。

（3）新闻意义的建构。新闻的意义蕴含在新闻事实之中，通常揭示了客观事实的走向，这包括媒体表达的立场、记者对事实的看法及记者强调事件重要性的意图。新闻意义的建构是通过精心挑选和组织事实来实现的。

第四节　新闻传播的公开原则

一、真实性原则

（一）新闻的真实性报道

从根本上说，人类的精神活动旨在探索并改变世界，以此促进自身的成长。同样地，新闻作为一种丰富人类精神生活的媒介，其本质也在于此。新闻传播在人类探索与改造世界的旅途中，扮演着提供外界信息、减少认知模糊性的角色，帮助人们更好地理解、适应、应对乃至改变外部世界。

作为向公众传递最新变动事实信息的媒介，其核心功能在于满足人们在社交活动中对信息获取的基本需求。因此，新闻报道必须建立在确凿的事实基础之上，确保报道的真实性。这要求新闻内容，无论是涉及的人物，事件的起因、经过、结果，还是具体的细节，都必须精确无误，不容许任何虚构、夸张的成分，更不允许凭空捏造、肆意编造。一旦新闻失去了真实性，其存在的价值便荡然无存，同时也会阻碍人们正常的社交活动。唯有在掌握世界真实状况的前提下，人们才能更新认知，调整行为；反之，如果新闻向公众提供的是虚假信息，就可能导致公众形成错误认知，进而误导其行为，对人们的物质生活和精神世界造成不良影响，严重时甚至会使整个社会的正常秩序遭到破坏。因此，对新闻报道而言，真实性是其最基本的要求；而对新闻报道者而言，传播真实、有效、可靠的信息，坚守新闻真实性原则，则是其最基本的工作准则和职业操守。

"真实"一词在日常生活中极为常见，其含义通常指的是人们对现实存在事物的认知与描述能够准确反映事物的本来面貌。然而，当"真实"这一概念与不同学科领域相结合时，其内涵便会有所差异。在文学艺术领域，真实并非简单地复制现实，而是通过虚构、想象等手段，对人物和事件的原型进行加工、重组、融合与变形，以达到艺术层面的真实。这种真实是超越现实的，读者无须将文学作品中的情节和人物与现实世界——对应。哲学与科学同样追求真实，但它们的真实是通过思维对具体事物进行高度抽象后形成的观念上的真实。这种真实虽然从根本上源于客观、具体的事物，但却超越了具体形态，以真理或公理的形式存在。而在新闻领域，真实性的要求则建立在事实的基础之上，新闻报道必须严格符合客观事实的实际状况。一般而言，新闻的真实性包含以下五大方面的具体要求。

第一，新闻报道必须严格基于真实、客观发生的事件，禁止任何虚构或夸大其词的行为。记者在开展新闻采编工作时，应坚持实事求是的原则，保证新闻内容直接来源于第一手资料。若第一手资料无法获取，也应审慎核查第二、第三手资料，以维护新闻内容的真实性。

第二，新闻报道的核心在于准确无误地呈现事实，确保报道内容与实际情况完全吻合。这要求新闻报道包含两方面的关键要素。一方面，新闻报道者需要具备出色的实践能力、深厚的文化底蕴及广博的知识储备，以便能够准确理解、认知和判断事实真相，进而确保新闻报道的真实性。新闻报道者需要运用敏锐的观察力和判断力，深入挖掘事实背后的真相，并将其真实、客观地传递给公众。另一方面，新闻报道者在报道新闻时，还须采用恰当的符号化手段，准确、生动地再现事实场景。在新闻报道中，必须明确交代何人（Who）、何事（What）、何时（When）、何地（Where）、为何（Why）及如何（How）这六大要素，确保新闻内容的完整性和准确性。其中，"何事"作为新闻的核心，是新闻报道的对象和依据，直接关系到新闻的价值和意义。新闻是事实的报道，必须以事实为基础。缺乏事实支撑的新闻，就如同无根之木、无源之水，根本无法立足。因此，在新闻编写过程中，必须注重语言文字的准确性和表述的清晰性，确保文字描述与事实真相完全一致。对电视新闻制作而言，更应坚决杜绝补录、补拍、嫁接等"造"新闻的做法，保持新闻内容的原汁原味，确保新闻在呈现时能够真实反映事实原貌。

第三，新闻的真实性不仅体现在单个事件的即时报道上，也贯穿一系列连续事件的追踪报道之中。新闻传播的一个重要特征就是它的及时性，随着现代科技的日新月异，这一特性也在不断进化，甚至朝着实时性和即时同步的方向发展。新闻报道在及时性和连续性上的体现，可以归纳为两个关键点。一方面，事实本身具有动态性，会随着时间的推移而变化发展。即使某个时刻的报道与事实相符，但如果缺乏对原始新闻事件的持续跟踪，那么在未来某个时间点，报道可能会与事实产生偏差，导致新闻无法全面、真实地反映事实真相，进而损害了新闻的真实性。另一方面，在新闻报道过程中，记者有时为了抢时间，可能会在初步报道中遗漏或错误解读第一手资料，导致信息模糊、笼统甚至错误。为了纠正这些可能存在的失误，除了媒体发布更正声明外，连续性的报道也显得尤为重要。通过后续的跟进报道，可以对之前的报道进行修正和完善，从而确保新闻报道的整体真实性。

第四，新闻的真实性在更高标准上，要求新闻报道不仅要准确展现事实本身，更要能够深入挖掘并准确揭示事物之间的内在联系。以交通事故报道为例，如果一名记者仅仅详尽地叙述了事故发生的时间、地点、涉及人员及事故过程，这样的报道虽然严格遵循了真实性原则，但还只停留在基础层面。相比之下，若另一名记者在同样确保报道真实性的前提下，更进一步地探究事故背后的原因，将报道焦点转向"为何同一路段频繁发生交通事故"，并据此采访相关公路管理、设计与建设部门，最终揭示出事故多发的原因是施工未按照设计要求进行，存在偷工减料的问题，这些问题直接导致后续多起事故的发生。这样的新闻报道，不仅忠实地还原了事故真相，更重要的是，它揭示了事故背后的深层次联系，从而在更高层次上体现了新闻的真实性。

第五，在更高的层面上，新闻的真实性要求新闻报道能够全面且准确地反映客观世界的整体状况。这不仅意味着单个新闻报道要真实，更重要的是，所有新闻报道作为一个整体，也要能够真实地再现社会现实。要实现这种整体的真实性，新闻媒体对报道数量的合理控制起着至关重要的作用，这是单凭个别记者无法完成的。每个记者只能确保自己所报道的单个事件的真实性。因此，新闻媒体必须谨慎地控制报道的总量和分布，以确保新闻的整体真实性。而这种控制是否能够有效反映社会现状，则取决于新闻媒体对社会信息资源的掌握和理解的准确性，以及新闻媒体的公正性和整个媒体环境的健康程度。

各国各阶层的新闻理论都普遍重视新闻的真实性，新闻机构更是将真实性视为新闻工作者的基本底线和职业准则。但在新闻传播实践中，虚假新闻和失实报道仍时有发生，须针对具体情况进行深入分析。

（二）新闻真实的相对性和限度

一方面，新闻的真实性原则是新闻传播的首要准则，其重要性不容忽视且历久弥新；另一方面，从新闻传播与其他社会活动的关联来看，也应清醒地认识到新闻真实是相对的，存在一定的局限性。

1. 新闻真实的相对性和限度体现

新闻真实的相对性和限度主要表现在以下三个方面。

（1）新闻是"摹本"

新闻追求时效性，是在紧迫的时间限制下对事件的快速再现，可视为"摹本"。新闻工作者根据自己的理解力，尽力描绘现实事件。但受限于人的能力，新闻工作者无法完全跟上瞬息万变的事件，精确无误地展示所有细节。此外，新闻借助符号化方式呈现事实，这些方式难以充分揭示事物间的复杂关系和不断变化。由于认知能力和再现手段的"短腿"，新闻对事实的反映无法达到绝对真实。

（2）"这样好不好"

判断一个事件"是不是这样"，属于认知判断范畴，而评价它"这样好不好"，则属于价值评判层面。在处理问题时，我们需要同时考虑这两个维度。首先，对于那些负面影响较大的场景，直接呈现给公众并不恰当。如果必须使用这类图像，应采用柔和处理方式，比如打马赛克或采用隐喻等方式来呈现，而不是未经任何修饰就直接在公共媒体上展示。其次，在当下社会，每个公民都有权维护个人隐私不受侵犯，保持个人生活的私密性。因此，在报道涉及个人隐私的内容时，须格外谨慎。但这并不意味着所有隐私都不能报道，若个人隐私损害到了公共利益，这类隐私就不再受法律保护。另外，对于违法未成年人的姓名、国家机密等信息，在报道时不能以追求真实性为由而泄露，必须严格避免。

（3）新闻工作者需要与时间赛跑

新闻注重时效性，但过度追求可能导致信息失真。对于这种失真现象，我们

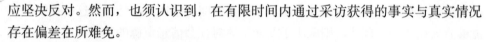

应坚决反对。然而，也须认识到，在有限时间内通过采访获得的事实与真实情况存在偏差在所难免。

2. 新闻真实的相对性和限度因素

新闻通常是多种力量相互作用的结果，因此，在这些力量的影响下，新闻的真实性有时会受到影响。除了伦理、法律和时效等因素外，还有其他因素也起着作用。

（1）新闻价值取向

新闻传播者的特定价值观不仅影响着他们对新闻事实的选择，还左右着他们如何再现这些选定的事实。例如若重视事件的新颖性和震撼力，那么事件中需要冷静分析和处理的细节可能会被忽视；若侧重于正面宣传，那么灾难救援和后续处理可能会成为报道的重点，而灾难的严重性、起因及长远影响则可能被淡化甚至忽略不报。

（2）新闻政策

新闻的社会控制中，新闻政策相较于新闻法规更加灵活，它能根据新闻机构的实际运作情况快速制定和调整，这是新闻价值受限的一个重要因素。

（3）意识形态

意识形态可以分为"特殊概念"和"总体概念"。特殊概念起初可能是有意识或半意识地"伪装"某一状况的真实性，最终这种伪装变得无意识。而总体概念则指的是某个社会阶层在历史背景下形成的、区别于其他阶层的独特思维方式。无论是特殊概念还是总体概念，它们都倾向于"歪曲人类存在的基本事实，通过神化、浪漫化或理想化的方式来呈现"。每个新闻传播机构都会有意无意地遵循某种意识形态，这会影响它们对事件的客观报道，甚至可能导致事实扭曲。这种现象在意识形态对立的媒体就同一事件进行报道时尤为明显。

因此，在阅读不同意识形态背景下的新闻报道时，我们需要保持警惕并进行辨析，以确保其真实性。对新闻传播者而言，意识到这一点后，应当遵循新闻的基本规律，通过提供平衡的报道来最大限度地减少和避免意识形态对新闻真实性的干扰。

上述分析揭示了一些影响新闻真实性的因素，这些因素的存在不仅表明新闻失真是一个与新闻传播活动长期共存的问题，也反映了新闻传播活动的复杂性和矛盾性。更重要的是，它意味着在面临各种矛盾和困境时，新闻传播者为了探寻真相和维护新闻真实，必须付出艰苦的努力，有时甚至要承担巨大的代价。

（三）虚假新闻与失实报道的应对策略

为了解决新闻失真失实的问题，必须针对上述众多原因，付出巨大努力，力求消除它们，从而有效防止和杜绝失真失实新闻的出现。为了完善新闻传播机制，我们需要防止权力和金钱侵蚀新闻传播的独立性和公开性，确保新闻传媒真正成为党和人民的"发声渠道"，而非少数权力者和利益集团的操控工具。此外，还须建立和强化新闻传播机构的管理体系，培养各级人员严格把关的自觉意识，并切实执行更正制度。

对新闻从业人员而言，他们首先要具备新闻职业道德，严格遵守新闻行业的规范。这意味着新闻工作者应在强化社会道德观念的基础上，不断提升自身的社会责任感和使命感，同时加强思想品质和职业道德的建设。另外，新闻从业者还须努力提升采访、写作、编辑等专业技能，形成深入采访、细致调研、认真核实的职业习惯，并持续丰富知识储备，优化知识结构。

从受众的角度来看，提升媒介素养至关重要。受众是新闻的主要接收者，是媒体服务的核心对象，也是媒体活动中各方利益的集中体现。公众的监督对于减少虚假新闻具有重要意义。同时，让受众了解新闻制作的过程和特点，能给新闻机构和从业人员带来无形的压力，有助于减少虚假新闻的产生。

除了上述策略，制定与新闻失真失实相关的法律也极为关键。这些法律能为新闻传播者提供明确的行为规范，有效约束媒体工作者的行为，有助于构建良好的媒体生态，推动新闻传播业健康发展。

二、客观性原则

（一）新闻客观性原则的具体内容

新闻客观性原则要求传播者在报道时尊重事实的真实性，不受个人观点影响，尽力还原事物原貌，避免在报道中直接表达个人立场或倾向。

1.认知层面的客观性

新闻客观性原则包括以下两个方面。

（1）尽可能全面地报道事实

新闻能让人们获取最新信息，所以新闻工作者应尽力报道事件真相及全过程，确保新闻真实且及时。媒体若选择性或主观性地报道，会妨碍公众了解真相。

（2）要公正和中立地报道事实

记者报道时须保持中立，与报道对象保持距离，公正客观地展现事实，综合各方意见，不偏袒任何一方，以第三方视角进行报道。

2.操作层面的客观性

上述内容主要讨论了认知层面的客观性，那么在实际操作中，如何贯彻新闻的客观性原则呢？以下是一些具体方法。

（1）呈现主要的相关要点

事件的发生通常涉及两方或更多当事人。新闻报道必须避免只听信一方之词，而应确保所有当事人都有机会发声，以揭示事件的全貌。然而，要获取完整且全面的事件经过颇具挑战，可能会遇到信息不对等或材料偏向新闻价值更高一方的情况。在这种情况下，新闻传播者必须保持公正，绝不能剥夺弱势群体的发声权。

（2）将事实与意见分开

当记者需要发表评论时，必须明确区分事实描述与个人立场，不可混淆。尽管做到这一点颇具挑战，因为记者作为个体，难免会受到主观意识的影响。无论是进行事实报道还是发表评论，都会带有一定的主观色彩，这往往使得两者相互渗透、相互影响。

（3）交代消息来源

新闻中的事实、观点和背景材料都有出处，这个出处就是消息来源。信息总是依附于特定的消息来源。为了确保新闻的真实性，记者需要明确并公布可靠的消息源，不过，匿名消息源除外。

（4）避免偏颇、迂回的言论

为了维护报道的客观性和节目的专业性，记者需要综合考虑各方的观点和立场。在报道过程中，记者要保持中立，避免掺入个人情感或立场，更不能发表抱怨性言论。虽然记者的新闻描述中会隐含其思想，但这需要读者自己去理解和体会。

（二）新闻客观性原则的产生和发展

新闻的客观性原则植根于英美新闻业的实践经验之中。这一原则的最早萌芽可追溯至 1702 年，当时英国首家日报《每日新闻》创刊，明确提出"报纸的职责在于呈现事实，而结论应由读者自行判断"。步入 19 世纪中期，随着便士报的蓬勃发展和通讯社的涌现，商业化报纸的格局逐渐形成，这促使报人开始将商业化报纸与政党报纸明确区分，专注于报道新闻事实，避免发表个人观点。1855年，美国报人塞缪尔·鲍尔斯进一步强调，应在事实与意见之间筑起清晰的界限，明确区分"思想与情感，事实与感知"，这为新闻客观性原则奠定了坚实的理论基础。与此同时，19世纪科学实证主义的盛行，使得对事实的尊崇达到前所未有的高度，新闻记者坚信自己能够如同实验室的科学家一般，通过搜集事实来揭示真相，他们认为每日报道的事实即为真相的展现。电报与照相技术的发明和应用，则为这一信念提供了有力的技术支持。在商业化报纸领域，《纽约时报》在奥克斯接手后，特别是在其总编辑范安达的主持下，所形成的报道模式成为客观性原则在实践中的典范。不仅如此，新闻客观性还拥有一套完整的专业技术操作规范，这些规范被系统地纳入新闻传播的工作流程之中，构成了新闻传播机制不可或缺的重要组成部分。

然而，自20世纪20年代起，新闻的客观性原则开始面临质疑。两次世界大战揭示了人类并非如启蒙思想家所认为的那样总是理性的，而是在特定情境下可能失去理智。与此同时，19世纪的实在论和绝对理念逐渐被怀疑论和相对主义所取代，这导致哲学和科学思想上的客观性原则基础动摇。经典物理学的观念、理性的精神受到了挑战，弗洛伊德的精神分析学说、爱因斯坦的相对论及海森堡的"测不准原理"等不仅是科学领域的突破，也是思想观念的巨大冲击，使得过去对事实、真相乃至真理的坚定信念崩塌。与此同时，社会问题和矛盾的多样性迫使人们寻找解决方案，但无人能给出让所有人满意的答案，这使得那些坚信事实能解答一切的人感到困惑和无所适从。

在这样的情境之下，新闻业界所面临的实际状况对新闻客观性原则构成了更为直接且现实的挑战。自1918年以来，公共关系的蓬勃发展及战时新闻宣传的盛行，逐渐侵蚀了新闻必须忠实于事实的信念。到了20世纪50年代，新闻界对麦卡锡主义的盲目"客观"报道，非但没有起到监督作用，反而助长了其嚣张气焰。而在越南战争期间，许多深入战场的记者原本对新闻客观性抱有坚定信念，但随着时间的推移，他们逐渐意识到仅提供事实远远不够。然而，那些坚守客观性原则的编辑却对此置若罔闻，他们更倾向于引用官方和军方的说法，即便是自相矛盾、足以让公众感到困惑的言论，也会按照所谓的平衡和客观原则进行刊登，有时甚至不惜发表道歉声明来维护这一原则。此外，20世纪60年代在美国兴起的"新新闻主义"及其他各种新闻观念，也往往将传统的客观性原则作为直接批判的对象。

在上述历史演变与现实挑战的双重作用下，新闻业界与学界对新闻客观性的质疑和否定难以避免。然而，我们必须认识到，尽管新闻客观性原则遭受了诸多批评乃至否定，但它仍然是西方乃至全球新闻传播领域的主流理念。回顾新闻客观性观念的发展历程，不难发现，它所涉及的问题极为复杂且充满争议，因此不能简单地理解或僵化地应用这一原则。

三、时效性原则

新闻界是一个提供和传播信息的行业，其存在就是为了减少或消除人们的不确定性。信息量的大小取决于消除不确定性的多少。所以，传播的内容必须是受众未知的，这样才能让媒介发挥其"帮助人们了解并应对不断变化的社会环境"的作用。

（一）新闻时效性的具体内容

新闻的"新"是其最吸引人的特点，也体现了新闻的价值。新闻让我们了解不断变化的现实世界，从而更好地进行各种活动。随着社会发展和人际交往的加深，生活节奏加快，人们对新闻的需求越发迫切，新闻的时效性正是新闻传播的基本规律。

新闻的时效性原则包含两层意思。首先，新闻报道的内容必须是最新的、最前沿的。这里的"新"不仅指刚刚发生的事件，还包括过去人们未曾知晓或未发现的事实。例如《南方周末》的《解密》专栏，就是报道这类未知的事件和新闻。从时间的角度看，相对于过去，后来发生的事情都具有新意，但并非所有后来发生的事都具有新闻价值，只有那些突发且前所未有的事件才具有新闻价值，也更吸引受众。其次，无论新闻的"新"在内容层面指的是最近发生的事件、对过去事情的新发现，还是超越常规的新奇之事，如果记者的报道过程低效且漫长，等到发表时，新闻也就变成了"旧闻"。

因此，新闻的时效性还包含一个至关重要的方面，那就是新闻对新鲜事实的报道必须迅速及时，这也是新闻界常说的"抢新闻"。新闻的"新"最终取决于传播者的速度——在紧迫的时间要求下，采集、撰写、编辑、播报新闻都要迅速，要抢先一步，占据先机。这两方面紧密相连，缺一不可。从新闻传播活动的角度来看，后者是前者的保障，这就是时效性原则的内涵。

（二）新闻时效的把控

媒体越来越重视时效性，能否迅速发布最新消息成为衡量其竞争力的重要指标。新闻时效的掌握，取决于传播主体和技术条件两方面的共同作用。

1. 新闻传播主体须具备的条件

新闻传播者要快速报道事实，须先确认信息源的准确稳定，迅速抵达现场收集一手资料，并用图像、文字、声音等多种形式记录，以备及时报道。这要求记者具备一定的业务素质。

赢得时效的关键在于是否具备高度的新闻敏感度。此外，出色的应变能力也至关重要。记者需要在极短时间内收集信息，撰写出还原事件的报道，这既考验其调查采访和新闻写作能力，也检验其知识储备、快速调用知识背景及操作高科技通信设备的能力。同时，团队合作对于实现新闻时效性也极为重要。从新闻报道的全过程来看，无论是进入现场的速度，还是选题内容的确定，都需要新闻工作者紧密配合。因此，优秀的新闻报道离不开新闻工作团队的协作精神。

2. 新闻时效传播技术手段

随着技术手段的不断进步，人们对新闻时效性的要求越发严格。同时，如果没有技术手段的支撑，新闻报道也就无法实现与事件发生的日益同步。从最初的烽火台、驿站，到现代交通工具，再到电报、电话，直至通信卫星、国际互联网，人类的信息传递工具不断发展，信息传播速度越来越快，新闻的时效性也越来越强。特别是互联网普及后，往往在事件刚发生、相关人员还未及反应、相关障碍尚未建立之时，相关信息就已经迅速传遍全球。传播技术的运用使得信息的传播与接收几乎同时进行，极大地缩短了事件发生时间与受众接收时间之间的间隔。

互联网技术和通信卫星的应用，已经极大地提升了新闻传播业在时效方面的竞争水平。同步直播在很多广播电视节目中占据了重要地位，使得新闻传播的最优时效标志从报纸时代的"TNT"（Today's News Today，即"今日消息今日报道"）模式，演进到了以"NNN"（Now News Now，即"现在消息现在报道"）模式为代表的实时报道阶段。

从时效性角度看，新闻传播的常规模式经历了以下三个发展阶段：定时播报指的是在固定的时间点播放新闻；及时播报则力求在事件发生后尽快向公众传达信息；而实时播报则是与事件同步进行，实现真正的"现场直播"。当前，随着互联网络（可能指多种网络技术的融合）和 24 小时不间断新闻节目的兴起，"全时"新闻报道模式正在逐渐普及，即无论何时何地发生的事件，都能以最快的速度进行播报。

第五节　新闻传播的基本功能

一、社会功能

传播的作用体现在它是社会中人们能直接感受到的一种力量，塑造着人们对周围环境的理解。而其深层次的作用，则是通过深刻影响人的社会化进程、政治生态及经济发展，从而改变全球的面貌。这种深层次作用是以直接作用为前提的，虽不易察觉，但其影响力却最为持久且深远。新闻传播同样可能带来某些不利影响，这是新闻工作者和受众都应努力规避的。新闻传播媒介对社会的重要影响，我们可以称之为新闻传播的功能。新闻传播的直接功能，指的是新闻传播带来的正面效应，这种效应是直观且迅速的，人们能够迅速通过感官察觉；而其深层次功能，则是指新闻传播对社会产生的长远且深刻的正面影响，能推动社会的深层次变革，这种影响往往不易立即被察觉。值得注意的是，同一种功能既能发挥正面的积极作用，也可能带来负面的消极影响。新闻传播的各种功能也不例外，因此，我们应努力减少负面作用的发生，促进新闻传播积极功能的实现。

1.传播的社会功能

（1）传播的社会功能的类别

①就功能展现的形式而言，传播的社会功能可以划分为显性功能和隐性功能两大类别。显性功能是那种显而易见、无须深入探究就能感受到的效用，而隐性功能则是那些深藏不露、难以直观感知的作用。这两种功能中既包含了积极正面的影响，也包含了消极负面的影响。

②按照功能发挥的领域来区分，传播的社会功能可以分为思想功能和交际功能两方面。思想功能体现在各类传播活动能够不同程度地作用于人们的主观精神世界，比如提供休闲娱乐、启迪教育智慧等。而交际功能则是指传播活动能够作用于人与人之间的交往互动及关系的建立和发展，比如朋友间的相互关心、亲人间的深情厚爱、寻求放松娱乐、排解孤独情绪、共同克服困难等。

③从功能成效的角度来审视，传播的社会功能可以被划分为正功能与负功能

两大类别。正功能代表信息传播所期望达到的标准结果，也就是传播者预先设定的目标。在这个过程里，只要传播者严谨认真地执行每个步骤，大多数情况下都能取得预期的效果。而负功能则是指传播过程中传播者极力避免的不良后果。在大众传播的情境下，正功能转变为负功能的可能性相对较大。诸如意见垄断、信息泛滥、虚假资讯、公众麻木等负面评价的现象，都属于负功能的范畴。负功能会对正功能产生阻碍等不良影响，只有确保正功能得到恰当有效的传播，才能有效规避负功能的出现。

④从功能生成的层次来看，传播的社会功能可以分为直接功能与深度功能两大类。直接功能是在社会活动中能够直观感受到的作用，它影响着人们思想认知的形成。而深度功能则是通过深刻作用于人的社会结构、政治生态及经济发展，进而改变世界的面貌。这种深度功能以直接功能为基础，其影响方式较为隐蔽且逐渐渗透，但其长远的影响力却是最为显著的。

（2）传播的深度功能

传播的深度功能对个人社会化、经济发展和政治化水平有着积极的推动作用，具体体现在三方面。

①培育、提升人的社会化。社会化是指个体通过与社会互动，学习文化，适应并融入社会生活，成为真正社会成员的过程。人的社会化体现在两方面：一是日常活动如学习、工作都在社会关系中进行，涉及技能学习、人际交往等；二是每个人都须融入社会生活，以适应社会发展。人们通过参与社会和学习，实现社会化的高度整合。

②推动经济形态的发展

大众传播中的经济报道帮助人们深入理解社会结构，对提升生产力和推动社会变革起到了重要作用，具体体现在两方面。

第一，展示经济的发展动力。18世纪初的欧美报刊上，关于珍妮纺纱机、风力动力机、蒸汽机及众多手工工场的报道层出不穷，展现了工业繁荣的壮观景象。这些报道反映出新兴科技生产力对社会制度和人们的思想观念产生了巨大冲击。

第二，预测经济形态的发展。通常，每篇经济报道都是针对某一具体经济现象的揭示与阐述，而众多相关报道在一段时间内汇聚起来，便能揭示出社会经济的发展趋势。

③推动社会政治变革

新闻媒体逐渐成为政治宣传的工具，推动了政治制度的变革。如今，新闻传

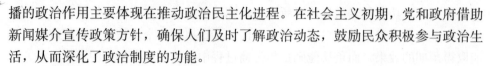

播的政治作用主要体现在推动政治民主化进程。在社会主义初期，党和政府借助新闻媒介宣传政策方针，确保人们及时了解政治动态，鼓励民众积极参与政治生活，从而深化了政治制度的功能。

2. 新闻的社会功能

大众媒体的"第一功能"是报道新闻，这也是实现其他功能的基础。新闻媒介常被比喻为"社会的守望者""雷达"或"监视器"，这些比喻都凸显了新闻事业在监测社会环境方面的重要作用。在信息爆炸的时代，人们迫切地想要获取自己感兴趣的新闻信息，以便更好地适应周围环境的变化。具体来说，这种作用体现在以下两方面。

（1）新闻报道的社会功能

大众传媒借助专业的新闻工作，发掘社会事实并将其公之于众，以此遏制不良现象，确保社会按照规范有序运行，这就是新闻的监督功能。舆论作为多数人的声音，能够约束和监督个人、社会群体乃至政府。媒体通过新闻报道激发并推动舆论的形成，同时传播并反映舆论。新闻中的隐喻和讽刺等手法，其监督范围广泛，既涵盖社会的经济基础、上层建筑等大方面，也涉及社会成员的个人行为等小细节；既包括对政府路线、方针、政策的监督，也延伸至社会具体事件的关注，旨在维护社会的正常秩序。

（2）新闻评论的社会功能

新闻评论是传播者利用新闻传播平台，对当前事件和问题进行分析，发表个人独到见解的一种言论形式。

新闻评论主要是围绕新近发生的新闻事件和新出现的问题展开的。新闻评论的作用是反映民意，进行舆论监督。它既是党的发声工具，也代表着人民的需求，为民发声。新闻评论对党和政府及社会各界都具有监督作用。

二、直接功能

新闻传播媒介的首要作用是让人们直观地感受到其影响力，并依据媒介的指引进行深入思考，提升个人的主观能动性。通过对新闻内容的剖析，人们能够调整自己的观点，改变生活方式，进而更新对周围环境的认识，以更快地适应新环境。新闻传播媒介的直接功能主要包括以下五类。

1. 信息功能及沟通情况

信息传播是传播活动最基础的功能，它为其他所有功能和作用提供了支持。新闻传播媒介的所有影响力，都是建立在信息功能的基础之上的。新闻传媒业之所以受到重视，是因为它能够提供各类与利益相关的信息。它不仅通过新闻报道传递新闻信息，还借助评论和广告等多种形式进行信息传播。信息的品质越高、种类越丰富，评估与预测的准确度就会越高，人们在进行活动选择时也就拥有更大的自由度。

从微观的视角来审视，人们应当紧跟衣食住行等日常生活领域的新资讯，并且在物质条件日益丰富的今天，更加关注精神层面的追求与愉悦。正因如此，大量围绕娱乐、健身等内容的资讯不断涌现并广泛传播。无论是个人、团体，还是整个社会和国家，都须迅速捕捉各方面的最新动态。在当下这个信息爆炸的时代，高科技与科学研究等领域正以令人瞩目的速度飞速发展，人与人、人与团体之间的连接也日益紧密。面对这些日新月异的变化，人们必须迅速获取最新的信息，据此调整自己的外在形象和言语表达，以便更好地适应这个不断更新的环境。

新闻传媒不仅传递信息，还发挥着重要的社会沟通作用。它通过广泛传播信息，将党的政策和方针传达给公众。同时，政府和相关部门也能通过新闻传媒倾听民众的意见、愿望与建议，因此，新闻传媒有效实现了信息的互通与传递功能。

在现实生活中，新闻传媒如同"瞭望塔"，为人们指引方向，促进团结合作，帮助快速适应环境并消除不良影响。其信息功能包含三点：一是提供环境动态信息；二是在适应环境的基础上，确保社会各组成部分紧密沟通，协同合作，整合资源；三是通过信息积累总结经验，掌握生存技能。

简而言之，新闻传媒的核心功能是信息交流与传播。它传递最新信息，影响个体认知，为组织决策提供依据，促进成员间交流互动，确保决策科学、政治民主和社会健康发展。但这一切的前提是物质与制度环境的支持。

2. 社会整合及传播形象

整合营销传播主张"oneface，onesound"（传达同一个声音，树立鲜明的形象）。新闻传媒通过信息传播推动社会整合与协调，让社会在多元中保持和谐，同时在国际传播中，展现国家和民族的声音。

（1）进行社会整合

大众传播以其迅速、广泛和公开的特点，具有强大的宣传效力。为适应环境变化，促进社会各元素的统一协调，可通过宣传来发挥新闻传播在协调、沟通和联络社会关系上的作用。

国家与政府运用宣传手段，旨在引导国民行动，塑造民众思想，确保政策与方针深入人心。通过宣传，政府不仅塑造国家形象，促进社会稳定，还凝聚民心，提振民众信心，有效传达政府指令。此外，政府还宣传经济、政法知识，倡导改革开放理念和民主政治观念，以此提升公民的人格魅力、文化素养、道德水平、法律意识及政治觉悟。对产品与企业而言，宣传同样扮演着至关重要的角色，它助力产品流通，指导消费导向，塑造品牌形象，提升企业声誉。在宣传过程中，注重艺术性并遵循信息传播规律至关重要，以免引发受众的反感心理。新闻传媒则通过引导、影响和反映社会舆论，充分发挥其宣传效能。社会舆论不仅是新闻传媒宣传的源泉，同时也是其生成与影响的对象，进而深刻影响人们的行为模式与思想观念。宣传对社会舆论的积极塑造，有力推动了社会的整合与进步。

（2）传播国家形象

在公共外交和对外传播领域，各国新闻传媒都扮演着至关重要的角色，发挥着相似的作用。对外传播能够有效影响国际合作进程与国际事件的发展，助力国家与民族塑造良好形象，增强民众对本国外交政策与国家形象的认同感。以美国为代表的西方国家，将对外传播视为公共外交的重要组成部分，旨在影响他国政府的外交决策与行动，并改变他国民众对本国的看法。他们利用新闻传媒，将有利于自身的信息传递给其他国家的民众、组织及政府。公共外交的实施主要通过两个渠道：一是通过本国政府掌控的国家广播、新闻等传媒机构，向外国公众进行宣传，发挥公共外交的效能；二是通过非政府组织与民间团体开展的友好交流活动，增进各国人民之间的友谊与理解。

一个国家的软实力体现在其通过对外宣传赢得他国认同的能力上。对国家而言，科技和经济等"硬实力"，以及意识形态和文化等"软实力"，共同构成了国家的综合国力。尽管"硬实力"的重要性不言而喻，但我们不能忽视"软实力"的作用与影响。在当今社会高度信息化的背景下，"软实力"的影响力日益显著。它体现为一种思想感召力，包括外交上的公信力、制度上的吸引力、意识形态上的渗透力及文化上的影响力等。

新闻传媒可借助意识形态、文化、价值观和制度等关键资源，对国际社会的发展施加影响。一个国家的"软实力"不仅左右着国际上其他国家、政府及民众的态度，推动国际社会的发展，还深刻影响着国家内部的发展。借助宣传，新闻传媒能够加强国民凝聚力，促进民众团结，使人们就国家利益问题形成共识。

3. 媒介监测环境及引导舆论

新闻传播媒介在监测环境的同时，也引导着舆论。它们迅速了解外界环境变化，报道自然、社会、政治、经济等领域的最新动态，基于事实进行舆论监督。

（1）监测环境

自然和社会环境不断变化，新闻传播为人们带来即时信息，包括生存经验和外在行为表现等，帮助人们有意识地保护自身生存与发展。

新闻媒介广泛传播各类信息，不仅展现了社会发展的全貌与趋势，还极大地拓宽了人们的视听边界。借助新闻传媒，人们能够迅速把握各类动态，特别是重大事件，从而有效预防或妥善处理潜在危机，这充分彰显了媒介在环境监测方面的关键作用。新闻传播媒介宛如一座座"瞭望塔"，逐渐演变成为人们日常生活的守护者。新闻报道涉猎广泛，涵盖自然、社会、政治、经济等多个领域，它通过及时且全面的信息反馈，持续监督、警示并提醒着人们关注并保护自然环境。回溯至19世纪末，西方世界涌现出众多机械、化工及石油公司，这些工业活动间接威胁到了人类的生存环境。在此背景下，与环境相关的新闻开始在美国报刊上占据一席之地，它们向公众发出了保护自然环境的紧迫警告，进而催生了一场声势浩大的自然保护运动。进入20世纪末期，多数媒体更是将目光投向了环境报道，环境新闻如雨后春笋般涌现。在环境新闻的引领下，守护家园成为全社会的共同目标，一系列相关理论也应运而生。在此过程中，新闻传媒充分发挥了其作为环境守望者的功能。

（2）舆论监督

从新闻传播的角度看，舆论监督是通过新闻传播揭露社会上的违法和违背道德的行为。它具有速度快、公开透明、即时反馈等特点，同时影响力大、导向作用明显，虽无强制性，却在国家政治、经济和社会生活中发挥着巨大作用。舆论监督的影响力与新闻传播的形式无关，但与其内容背后的深层含义密切相关。新闻传媒是实施舆论监督的重要平台。

①新闻传播媒介实施舆论监督的条件。舆论的形成离不开新闻的基础支撑，新闻传播机构在报道和评论新闻时，必须坚守时效性，这样才能帮助人们及时把握真相，进而发表意见和评论。在民主政治体制下，舆论监督是新闻媒体的一项重要社会职责，这一职责建立在言论自由和信息公开的基础之上。要实现新闻媒体的舆论监督功能，须满足两大基本条件：一是向公众提供充足的舆论信息，即揭示事件真相和具体情况，帮助公众深入了解政治、社会、经济生活等方面；二是公众在掌握一定信息后，能客观、理性地评价政治、经济、社会现象或对人做出公正评价。公开是民主政治的基石，也是新闻舆论监督得以有效实施的前提。一方面，新闻媒体作为信息传播者，应尊重公众的知情权，推动政治权力的公开

透明；另一方面，政府应借助新闻媒体的力量，使公众正确认知周围世界。只有全面了解事物，人们才能形成个人见解，表达思想观点，进而形成舆论并实施监督。

②新闻传播媒介的舆论功能。新闻传媒在舆论传播中发挥着核心作用，它是连接人们与舆论信息的桥梁。在新闻传媒领域看来，社会舆论反映了民众的真实想法，而新闻媒介的职责就是将公众的意见和需求传达给决策者，以便政府能够准确把握民众的动态和思想倾向，进而及时调整和优化政策制度，强化党和政府的领导力。

4. 新闻的文化功能与审美价值追求

新闻传播是人类文化不可或缺的一部分，因此，我们应当从"文化"的视角来剖析新闻的特性与规律。随着社会与经济的不断进步，人们的生活质量及全球科技水平持续提升，这促使人们的审美需求也随之变化。在新闻制作过程中，仅仅依赖传统的新闻五要素已难以满足当前的需求，新闻事件的报道若缺乏新意，便难以吸引观众。为了实现新闻内容与表现形式的和谐统一，新闻传媒需要采用更具吸引力的方式来呈现新闻对象，力求做到"最美"的呈现。

（1）新闻的文化功能

新闻的功能远不止于信息传播，它还蕴含着丰富的文化性，对于文化的传承与发展至关重要。新闻传媒借助新闻这一平台，不仅传播信息，更引导行为规范、道德观念、法律意识等社会文化元素，助力构建积极向上的社会精神风貌。新闻工作者作为广大受众的传声筒，运用多样化的表现手法，让新闻传媒的文化价值得以彰显。文化的价值体系，涵盖人的行为成果、行为模式、象征符号等，是其核心组成部分。传播媒介不仅是文化传播的桥梁，更是价值创造的主体，它组织社会结构，引领意识形态，而非仅仅是文化发挥作用的工具。新闻传播媒介往往能凝聚民心，塑造受众的价值观，影响他们对既定事实的接受态度，展现出独特的文化影响力。新闻作为文化的一种表现形式，同样具备物质层面、文化制度及精神层面的属性，如文化意义和社会价值等。新闻传播媒介深刻体现了新闻的精神内涵，发挥着显著的文化实践作用。

（2）新闻审美价值追求

在当今时代，新闻报道应当重视审美思维方式的融入。人们通过听觉、视觉等感官来体验新闻的声音、画面及文字内容，而新闻报道的表达技巧，如感染力、形象性、审美性和艺术性，会直接影响受众的接受度和心理感受。如果新闻的审美价值不高，那么它所能激发的心理印象也会相对减弱。现代人阅读新闻，已不仅是为了从媒体获取知识与信息，还更加看重新闻本身所能带来的视觉愉悦与精神层面的美感享受。

5. 提供娱乐作用及陶冶性情

新闻传播媒介在娱乐方面的作用，主要体现在能够激发受众的愉悦感和兴趣。众多聚焦于文化娱乐、风土人情、奇特故事的软新闻，因其高度的娱乐性和趣味性，很好地满足了受众的好奇心。新闻传媒对受众具有引导和影响作用，优质的新闻能够提升受众的鉴赏力、培养兴趣爱好和塑造道德品质。而那些娱乐性更强的优秀新闻，更能引导受众建立积极的生活信念和态度，这对社会的稳定发展大有裨益。

随着社会的进步，人们的生活质量不断提升，物质需求得到满足后，精神层面的需求越发凸显，娱乐因此成为人们日常生活中不可或缺的一环。以往，新闻传播媒介的娱乐功能相对薄弱，但随着人们对娱乐需求的日益增长，新闻的娱乐功能逐渐受到重视。互联网的飞速发展与广泛普及，推动了我国通俗文化的传播，众多新闻媒介开始涉足通俗文化的传播。新闻的娱乐性能够有效激发受众的愉悦感和兴趣，满足他们在情感和精神层面的追求。通过传递健康积极的娱乐信息，可以引导受众树立正面的道德观念，培养高尚的品德修养，让受众在享受娱乐的同时，也能感受到人性的美好。因此，各传播媒介应当承担起社会道德建设的重任，引导大众树立正确的道德价值观，向受众传递知识、智慧、幽默、健康与时尚。

三、深度功能

新闻传播影响着人类社会的方方面面，推动政治变革、经济发展，促进人的社会化，成为社会进步的意识动力。其深度功能主要体现在两方面。

1. 培养人的社会化

大众传播对人类产生了深远的影响，在个体成长与社会化进程中，社交媒体起到了催化剂的作用，促使人类的意识形态不断进化，每个阶段都展现出独特的社会认知。人与传媒形成了互动的整体，激发了社会主体的活力，推动了社会的持续发展。

（1）培养社会知识、技能和规范

①培养人自立于社会的能力。大众传播积极地促进了人们参与社会化活动，为人们提供了更多建立社会关系并获取社会认同的途径。在传播媒介的影响下，人们能够学习到社会化的理念，遵循一定的规则，使自己更加融入群体生活。传

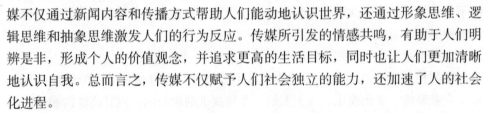

媒不仅通过新闻内容和传播方式帮助人们能动地认识世界，还通过形象思维、逻辑思维和抽象思维激发人们的行为反应。传媒所引发的情感共鸣，有助于人们明辨是非，形成个人的价值观念，并追求更高的生活目标，同时也让人们更加清晰地认识自我。总而言之，传媒不仅赋予人们社会独立的能力，还加速了人的社会化进程。

②提供人的发展方向。在个人的成长历程中，大众传媒为人们指明了发展方向。特别是那些关于社会知名人士和励志故事的新闻报道，生动地描绘了人们的生存方式和丰富多彩的生活经历，有助于塑造人们正确的价值观。新闻传媒成为展现个人社会关系的重要平台，它影响着个人在社会关系中的发展程度。无论是人与社会、人与自然，还是人与人之间的关系，都经历了一个从"局限""片面"到相对"全面"的演变过程。在传媒的影响下，个体自身也在不断地发展变化。

③培养人的个性化和价值观。人的社会化过程中，个性与共性并存。即使社会化本质相同，结果也可能因个人气质、兴趣、性格乃至品德、觉悟、意识、思想等差异而异。总之，人们在共同的社会环境中，行为和生活方式既可能相似，也会展现出独特的个人差异。

新闻传播加速了人的社会化进程，特别是在个性化培养方面作用显著。受众能受到各种人物的启发，在社会实践中，基于自身生理条件，发展出独特素质。大众传媒创造的虚拟环境为人们评估实际生活环境提供了依据，这也是个人社会化的一个结果。人在社会生活中实现了个人价值和社会价值，这些价值因人而异，形成了不同的价值观。当人们在传媒中获取知识、行为规范和技能时，他们的社会价值观也在传媒中得以形成。通过传媒，人们能够参考各种社会价值典范，找到符合自己个性化发展的人生道路。

（2）媒介文化的中介作用

社会是文化发展到一定阶段的产物，建立在一定的物质和社会意识层次之上。文化促使人类活动更加社会化，而传媒则是传播社会文化的重要工具。个人与社会的关系体现在两方面：一是个人如何融入社会组织，二是个人如何获得社会认同。传媒在维持个人、社会和文化之间的平衡关系中发挥着重要作用。

①媒介文化对个人的哺育。媒介文化渗透于人们的日常生活，无时无刻不在影响着我们的生活方式。从出生起，人们就受到媒介文化的熏陶，逐渐融入社会。媒介文化涵盖了传播内容、运作模式及它们所形成的特殊意识形态和载体活动。文化不仅涉及人与人之间的意识、政治和经济关系，还通过政治和经济制度将人们联系起来，推动社会化进程。为了让人们更全面地了解社会，可以通过丰

富多样、包容开放的媒介文化，在新闻报道中展现人与人之间的文化交流和社会角色的转变。

由于个人所处的环境有限，无法全面直接地观察和了解整个文化动态，因此也难以全面掌握社会的全貌。然而，媒介文化通过文化传播，让个人能够深入接触和了解社会，从而更全面地把握社会发展。文化的存在推动了人类的进步，而媒介文化则传递了更优质的生活方式，促进了人类文明的演进。同时，个人和社会通过媒介对文化产生影响。由此可见，个人和社会共同作用于文化，推动文化发展成为他们活动的目标。在这个过程中，人的创造力和社会活动的展现都需要媒介作为桥梁，而人也会受到文化的反作用，发生一定的变化。

②媒介文化对个人观念的改造。在人的社会化进程中，媒介的作用会改变个人的发展观念。特别是在家庭、学校和社会环境中，个人的内心世界在文化的影响下不断充实和发展。随着外部文化的持续渗透，个人在成长过程中，其观念会逐渐演变。在这个过程中，大众传媒扮演着关键角色，提供着重要的信息资料。媒介传播中，意识文化以语言、图像、音符等形式存在；在历史和现有文化的熏陶下，个人通过媒介文化体验行为，进而将这些经验转化为自己的意识，并最终形成自己的行为模式。

媒介文化影响人的决策、意向和知识观念的形成。它引导个人心理发展，促使文化在公众意识中转化形态，产生新文化成果，并通过媒介语言将这些文化理念传播到社会。

③媒介的文化建设与发展导向。媒介组织传播社会规范，掌握大量舆论，文化理念指导社会行为，增强社会凝聚力。但仅凭本能难以形成统一行动，因此需要新闻传媒的文化引导，规范行为，获得公众认可和共同行动。

媒介文化的影响力广泛而深刻，它不仅作用于单个团体或民族，还影响着具有共同信仰的群体行为。这种影响在个人和族群层面都需要经历一个反复再生的过程，在与外界因素的互动中不断得到确认和加强。例如在云南的少数民族地区，互联网传播工具被用来在族群认同建构中融入社会场景因素，这强化了文化认同，并打破了传统线性认同建构的模式，为多维文化认同的建构创造了条件。

互联网的传播促进了多元化价值体系的形成。它打破了民族社区的封闭状态，使更多的外来优秀文化成果得以被吸收，进而构建了民族地区的多维认同体系。这一过程中，媒介发挥了重要的建设作用和文化导向功能。

2. 推动经济形态发展

经济形态反映了一个国家的经济体制特征，它可以是自然经济、计划经济，也可以是商品经济或市场经济。经济新闻报道可以从广义和狭义两个维度来理解：广义上，经济新闻报道广泛涉及人们的日常生活经济活动，包括农业、基础设施建设、消费及工业等多个领域；狭义上，经济新闻报道则专注于财税、市场贸易、政策动向、市场行情及金融等方面的新闻。通过经济报道和经济评论，我们可以窥见社会经济运行的全貌，这对于把握经济发展的趋势和方向至关重要。媒体对经济状况的报道和传播，帮助人们形成了对当前经济形势和经济问题的客观公正认识，进而促进了人们之间的经济联系与合作。随着媒体的不断发展，它们已经能够预测和把握经济形态的规律变化，这对推动经济制度的改革与发展起到了积极的导向作用。

（1）展示经济的发展动力

通过新闻传播媒介的经济报道，人们能更好地了解社会结构，这有助于提升生产力和加快社会改造进程。

①揭示需求与经济的关系。大众传媒的经济新闻报道本质上增强了社会需求与经济增长之间的关联性。报道产品市场化让人们更深入地理解需求与生产的关系，而解析国家宏观经济政策和经济结构则有助于优化和重塑社会与经济的关系。

②反映经济形态的构成。经济形态的发展动力源自生产力，它决定了生产关系。在社会发展进程中，经济形态不仅影响着上层建筑，同时也反作用于生产力。从众多的政治经济报道中可以看出，人们对经济形态变化规律的正确理解，正是基于这样的经济规律。

生产力的发展并非一帆风顺，它在经济形态中展现出的快速发展或缓慢态势，正是经济形态对生产力作用的结果。生产关系与生产力共同塑造出特定的经济形态，而经济制度内部可能和谐统一，也可能存在冲突和分裂。其中，是否建立了合理的分配制度，是决定经济制度是否稳定和谐的关键因素。

（2）预测经济形态的发展

通过大众媒体的新闻报道，可以预测经济发展趋势。这些媒体通常会通过经济报道揭示经济走势，单篇报道就能说明和披露某种经济现象。例如在特定时期，媒体会大量报道社会经济形态的发展前景。从 20 世纪 60 年代到 21 世纪初，西方报刊和电子媒体就预测了资本主义社会经济形态的发展，而国内的情况也在 20 世纪 90 年代的报刊中有所体现。

①报道新的经济形态。媒体在某种程度上具备预测国家经济形态发展的能力，从这个角度来看，报道本身也是经济活动的一部分。

②阐释社会经济变革。经济新闻报道常常揭示出众多经济形态的内部矛盾，

这推动了各项经济改革政策的实施，加速了经济的发展和改革进程。由于经济发展是一个持续演变的过程，媒体的经济报道工作远未结束，特别是在经济转型的关键时期，新闻报道的社会责任更加重大。

③后工业社会的经济报道。随着社会形态的不同，新闻媒体的功能也会相应调整。在工业化社会，机器作为核心生产工具，驱动着生产力的持续进步。而迈入 21 世纪的后工业社会，智能化产品占据了生产的主导地位，新闻传媒也因此成为新型经济的关键一环，融入了社会经济结构之中。

从众多经济新闻报道中不难发现，后工业社会以社区为基本单位，打破了个人或某一阶级主导的局面，人与人之间的联系更为紧密。随着交通运输和网络技术的飞速发展，许多国家已转变为"全国性社会"，社会问题也呈现出全国性特征。在应对这些问题时，需要依靠"全国性社会"的力量，充分利用媒体的作用，拓展并保护公共领域，建立起公共社会的联系桥梁。

第三章　新媒体时代新闻传播发展研究

第一节　新媒体时代新闻传播的方式

新媒体新闻传播包含四种主要形式：人际传播（如微信、QQ），大众传播（如门户网站、视频网站），分众传播（如手机报），以及群体传播（如 BBS 网络社区）。这四种形式并非孤立存在，而是可以相互融合、交织在一起的。

一、人际传播

在当今社会，微信、微博等已成为人们进行人际传播的重要平台。通过这些平台，人们可以实现即时的网络聊天功能，同样，QQ、网络聊天室等也是大众常用于网络交流的场所。网络聊天的形式多种多样，包括个人与个人之间的私聊、个人对多人的广播式聊天，以及多人对多人的群组讨论。在这些聊天场景中，参与者往往会围绕新闻时事、热门话题等展开即时的沟通交流，各自抒发见解与评价。然而，在网络聊天的环境下，新闻传播主要局限于线上范畴。当聊天者即时分享新闻资讯时，话题往往能迅速转换，传播速度虽快，但传播范围相对有限。若某个话题的发起者未能获得其他聊天者的积极响应，该话题往往会自然而然地冷却并被放弃。此外，当多个话题同时涌现时，聊天者若想保证讨论的流畅性，往往只能专注于其中一个话题，而不得不暂时搁置其他话题。尽管某些话题能够激起聊天者的浓厚兴趣，并引发热烈的讨论，但受限于屏幕上的快速信息流，对于某一新闻事件的深入探讨与分析往往难以实现。随着聊天话题在屏幕上不断更迭，聊天信息持续滚动，信息量之大使得聊天者不仅容易遗忘自己或他人之前的发言内容，也往往缺乏足够的时间和精力去回顾整个聊天过程。因此，在新闻传播过程中的网络聊天，往往容易停留在浅尝辄止或表面化的层次上，且容易被人们迅速遗忘。

二、大众传播

另一种传播形式是大众传播,其中门户网站传播作为其一部分,既与传统媒体新闻传播有着相似之处,又独具特色。之所以说它与传统媒体在新闻信息传播上有共通之处,原因主要有以下两点。一是门户网站同样具备议程设置的能力。为了凸显某条新闻的重要性,它们会在网页顶部显著位置展示新闻标题,并可能搭配视频或图片以增强视觉效果,甚至通过加大加粗字号来吸引注意。就像报纸等传统媒体会通过设立特刊来强调重要新闻一样,门户网站也能整合消息、解释性报道、评论等多种新闻体裁,形成专题报道。这种版面布局和新闻元素配置的策略,都是议程设置的有效手段,能够影响受众的认知和判断。二是门户网站上的新闻内容大多源自传统媒体。门户网站重视新闻的专业性和权威性,通过严格筛选发布的新闻内容来维护自身的声誉和影响力。它们通常采取复制粘贴的方式编辑新闻,但同时也展现出新媒体的特征,与传统媒体在新闻传播方式上存在一些差异。

首先,门户网站的新闻网页以其独特的方式吸引着广大受众的注意力。它们充分利用标题的吸引力,通过精心设计的标题来捕获读者的目光,并采用超文本链接技术,使读者能够轻松点击标题进入详细内容,这种非线性的阅读方式相较于传统媒体的线性阅读,为受众提供了更为灵活多样的阅读体验。在门户网站的首页,一行行醒目的标题排列整齐,每个标题背后都隐藏着丰富的信息内容,而文本下方的相关话题链接,则进一步满足了读者根据个人兴趣进行选择性阅读的需求。门户网站编辑深知标题的重要性,因此不遗余力地打磨每一个标题,力求在第一时间抓住读者的心。其次,门户网站在内容整合方面下足了功夫。这种整合不仅体现在对不同传统媒体新闻的筛选与汇聚上,还体现在对同一专版内不同体裁新闻的巧妙搭配上,以及对新闻网页上各类新闻的细致分类与整合上。在新闻选择上,门户网站不局限于单一报纸,而是从全国范围内广泛挑选有价值的新闻,实现了新闻资源的优化配置。在专版制作上,门户网站则先筛选出认为重要的新闻,再将这些新闻以消息、深度报道、评论、视频报道等多种形式进行整合,形成内容丰富、形式多样的专版。同时,门户网站还根据新闻的性质将其划分为国内新闻、国外新闻,或是社会新闻、财经新闻、体育新闻等不同类别,进一步增强了新闻的可读性和针对性。此外,门户网站还注重多媒体表现形式的整合,通过文字、音频、图片、视频等多种手段,将一个新闻事件全方位、多角度地呈现在读者面前。最后,门户网站为网民提供了一个互动性极强的平台。在这

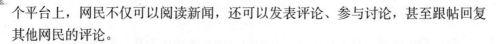

个平台上，网民不仅可以阅读新闻，还可以发表评论、参与讨论，甚至跟帖回复其他网民的评论。

三、分众传播

现如今，手机已经成为人们日常生活中不可或缺的通信工具。伴随着多媒体技术的日新月异，手机内嵌入了丰富多彩的多媒体功能。依托于先进的 4G 或 5G 技术，手机能够充分发挥这些多媒体功能的效用，并实现信息的实时传播。随着手机用户群体的持续膨胀，手机媒体在人们生活中的地位日益凸显，因此被誉为"第五媒体"。手机媒体以其便携性著称，巧妙地将报纸、电视、广播与互联网等媒体的优势融为一体，并展现出卓越的互动性，使得用户能够随时随地发布信息。

手机媒体的优势如下。首先，手机因其便携性，使得手机媒体也具备了短小精练的特点。手机用户能够充分利用碎片时间，比如等车、餐前餐后等闲暇时刻，来阅读获取新闻资讯。其次，手机媒体具有精练的特质，它帮助用户在繁忙的生活中省去了筛选繁杂信息的麻烦，因为手机媒体的编辑已经事先为用户筛选掉了无关紧要的内容。最后，手机用户能够随时随地编辑短信，这就意味着他们可以及时地对手机上的信息进行反馈和评价，从而更加积极地参与到互动中。

手机媒体能实现精准推送的原因，在于其用户普遍采用实名注册制度。它根据用户的个人特征和信息资料，将用户市场精细分割，从而使得传播模式由面向大众的广泛传播转变为针对特定群体的分众传播，此举显著增强了新闻传播的效果。

四、群体传播

中国的 BBS 论坛汇聚了极高的人气，诸如猫扑、水木清华等论坛都极为热门。论坛为人们提供了一个开放的交流空间，既可以讨论公共议题，也可以传播新闻资讯。当一个帖子围绕某个新闻事件展开，并吸引大量关注与回复时，便能促进对该事件的深入探讨。不过，论坛也有其局限性，由于网民通常匿名参与，若言辞不当或过于夸张，容易与他人产生分歧，这与新闻传播所要求的客观、冷静态度相悖。论坛中的意见领袖往往是那些长期活跃、频繁发言的人，而非专业知识最丰富的人，这体现了霍布斯法则在论坛中的应用。因此，那些热衷于在论坛上发表言论的人，往往并不具备深厚的专业知识，导致论坛上的信息很多时候缺乏实际价值。

另一个问题在于，即便论坛中有发帖者掌握了有价值、有意义的新闻信息，这些信息也可能因为淹没在大量的无关紧要的帖子（"灌水帖"）中而无法得到有效传播。近年来，网络上涌现出了一种名为虚拟社区的社会群体，例如人人网等知名社交网站。这些社交网站通常采用基于朋友关系链的扩展方式，让网民能够在其中找到归属感，并拓展自己的社交圈。在这些社交网站上，用户能够创建个人主页，组建朋友圈，上传文字、图片、音频和视频内容，甚至与朋友们一起在线游戏。在新闻传播层面，除了通过撰写日志和记录来发布信息，这些网站还增设了转帖功能，即用户可以借助朋友的转发来推广某个热门新闻事件。鉴于社交网站上的朋友圈相对稳固，新闻热点的转发往往能够迅速获得响应和跟随。通过这样的群体传播方式，新闻的传播速度十分迅速。然而，也正是由于朋友圈的相对独立和稳固，在这样的虚拟社区内，想要发起大规模的群体行动相对较为困难。

第二节 新媒体时代新闻传播的特征

一、新闻传播主体的去中心化与大众化

在传统的新闻传播模式中，媒体扮演着无可争议的传播中心角色，它们拥有绝对的权威，对新闻的传播内容、数量、质量、重要性排序乃至社会舆论的引导都起着决定性作用。传统媒体能够掌控新闻信息的流向及其对公众的影响，然而，新媒体的崛起打破了传统媒体在新闻传播中的核心地位。新媒体环境下，新闻传播的主导权不再掌握在传播主体手中，一旦新闻事件被新媒体发布，传播主体便失去了对新闻走向的控制。公众在接收到新闻信息后，能立即转变为二次传播者。新闻信息经过公众的广泛传播后，形成了一个去中心化的传播格局，很难再有单一的中心来主导新闻的话语权，传统媒体的中心地位逐渐消失。在此背景下，新闻传播者也无法再单方面决定新闻信息的价值，新闻的价值高低转而由公众的关注度、评论和追随情况来决定，公众因此获得了前所未有的话语权。

二、新媒体中的新闻传播具有不确定性

在新媒体环境中，新闻传播的不确定性主要体现在两大方面。首先，新闻传播的方向呈现出无向性特征，缺乏明确性，同时，新闻的接收者与传播者之间也

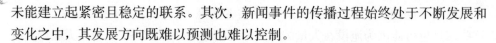

未能建立起紧密且稳定的联系。其次，新闻事件的传播过程始终处于不断发展和变化之中，其发展方向既难以预测也难以控制。

三、传受关系的位移和传播主体的多元

在传统媒体的传播模式下，媒体牢牢占据着新闻传播的主导位置，掌握着话语权与主动权，与受众之间形成了鲜明的两极对立关系。尽管传统媒体逐渐意识到受众对新闻信息的积极互动与反馈，但这并未能改变受众在新闻传播中相对被动的角色。然而，随着新媒体的蓬勃兴起，新闻传播者与受众之间的关系发生了根本性的转变。普通大众不再仅仅是被动的信息接收者，而是随时可以化身为传播主体的存在。这一变化使得传播者与受众之间的传统界限被打破，实现了两者关系的重新定位。

第一，传统媒体的角色已悄然转变，它们不再仅仅是新闻信息的单一传播者，同时也成为信息的接收者。例如当新媒体平台发布独家新闻资讯时，传统媒体会主动从新媒体中汲取信息源，以丰富自身的报道内容。此外，当传统媒体发布的新闻通过新媒体渠道广泛传播时，它们也会密切关注新媒体的传播效果与舆情动态，从而做出更为精准的舆情判断，此时，传统媒体便化身为信息的接收者。

第二，在新媒体时代，新闻传播的主体已不再局限于传统媒体，每个普通大众都有机会成为新闻的传播者。我们可以随时随地将自己所见所闻的新闻事件分享至新媒体平台，成为一名公民记者，让更多人了解事件的真相。原本只是新闻信息接收者的普通大众，通过二次传播，成功转变为新闻的传播者。因此，在面对同一新闻事件时，同一个人既可以作为信息的接受者，也可以作为传播者，实现了角色的灵活转换。

第三，传统的媒体传播环境中，传播者和受众之间的关系往往呈现出话语霸权与被霸权支配的不平等状态，主动权掌握在传播者手中，受众则处于被动接受的地位。然而，在新媒体时代，这种不平等的关系得到了极大的改善，传播者与受众之间实现了平等对话，双方对于话语权的掌控也变得更加均衡。在新媒体环境中，每个人都有权利对新闻信息进行评论、讨论，并表达自己的观点。随着传受关系的位移，新闻传播的主体也日益多元化，从专业的传统媒体到普通的网民、网站编辑，再到智能化的搜索引擎等，都可以成为新闻传播的主体。

四、超越时空的互动性与开放性

进入新媒体平台的门槛几乎为零，只要拥有一部能上网的手机或电脑，以及一个网络账号，任何人都能轻松地在平台上发布和接收信息，同时关注自己感兴趣的新闻内容。新媒体平台打破了时空的局限，展现出开放与包容的特性。在这里，即便是多年前的旧闻，我们也有机会发表评论。新媒体时代让大众传播、群体传播和人际传播实现了有机融合，受众与传播者之间的实时交流和沟通变得触手可及，而且不受时间和空间的限制。与大众传播时代相比，那时的新闻传播虽然也具有一定的双向性，但受众的反馈往往处于被动状态。而在新媒体环境下，受众能够平等且主动地参与到对话交流中，这一转变无疑是极为显著的。

五、新闻传播的融合化

新闻传播融合化的概念涵盖了几个关键要点。第一，新闻传播的形式日益多样化。为了适应不同的传播需求，我们灵活运用文字、声音、图片、视频等多种形式来传递新闻信息，使得新闻传播更加丰富多彩，实现了多媒体化的传播方式。第二，新媒体与传统媒体之间的融合成为一种趋势。这种融合不仅促进了资源的共享，还利用了各种媒介的独特优势，实现了新闻的差异化传播，从而更加精准地划分了市场。新媒体能够整合传统媒体中的丰富内容资源，而传统媒体则可以对新媒体中的信息源进行深入报道。两者还可以协同合作，共同报道同一新闻事件，但根据各自媒介的特点，采取不同的报道形式。例如对于包含图片、文字、音频、视频等多种元素的新闻信息，我们可以将图片和文字用于报纸报道，将音频和视频用于电视播报，而网络则可以综合运用这些元素，以满足不同受众群体的需求。第三，在新媒体环境中，新闻编辑工作也呈现出新的特点。编辑人员可以将多家媒体的相关新闻进行整合，通过融合不同报纸对同一新闻事件的不同角度报道或者不同体裁的报道，为读者提供更加全面、深入的新闻信息。

六、信息传播的碎片化与生产的社会化

普通大众因新媒体平台的低门槛而获得了前所未有的发声机会，能够随时随地分享个人的所见所闻。这一现象导致新媒体中的信息传播逐渐呈现出碎片化的趋势，这主要有两方面的原因。一方面，信息发布者在发布信息时往往缺乏系统的规划和安排，显得较为随意，没有明确的议程设置，导致所发布的信息显得

零散而不成体系。另一方面，新媒体打破了传统媒体那种严谨且系统的传播模式，信息传播变得分散和无序。网络的虚拟性和开放性不仅带来了传播主体的多元化，也引发了价值观的多元化，各种声音此起彼伏，虽然个性得到了充分的展现，但很难形成一股统一且强大的声音。

第三节　传统媒体在新媒体时代新闻传播中扮演的角色

在新媒体新闻传播中，传统媒体并非置身事外，而是积极参与其中，并发挥着重要作用。尽管新媒体展现出强大影响力，但其局限性依然明显，亟待解决。因此，传统媒体在新媒体新闻传播中的角色不容忽视。结合新媒体新闻传播的发展情况，传统媒体主要扮演了以下关键角色。

一、母体

在新媒体传播新闻的历程中，其播报的大量信息均源自传统媒体。譬如门户网站及手机报上的新闻内容，无一不是取材于传统媒体。鉴于国家规定网站无采访权限，网络新闻大多缺乏原创，编辑虽可调整标题、整合内容，但素材仍出自传统媒体的采访报道。传统媒体宛如一座信息宝库，网络新闻与手机报皆从中汲取所需。手机报就目前发展态势而言，不过是借助手机平台，对报纸原创内容进行精简整合后的微型版本。又如网络社区的群体传播，传统媒体发布的信息内容，常经由社区成员发帖讨论而成为热议焦点。

因此，在新媒体新闻传播的过程中，传统媒体犹如一座庞大的信息源泉，为新媒体提供了丰富多样的新闻素材。

二、催化剂或者放大器

在新媒体新闻的广泛传播中，有一部分新闻信息的首发者与传播者源自草根网民，这使得传统媒体在这部分新闻的传播流程中不再占据主导地位。那么，传统媒体在这一环节中究竟扮演着何种角色呢？深入分析后我们不难发现，传统媒体在此类信息传播过程中充当了一个中介者的角色。信息的源头首先通过新媒体平台得以发布，随后传统媒体介入其中，起到了关键的催化与放大效应，最终将信息传递给广大受众。在这一传播模式中，传统媒体成为传播链条上一个不可或缺的节点。这个节点不仅承载着信息传播的基本功能，更发挥着如同催化剂或放大器般的独特作用。换言之，当新闻信息流经这个节点时，其传播的力度与强度都将得到进一步的增强和放大。其中的原因主要有两方面：一方面，传统媒体通过议程设置能够加深受众对所传播信息的认知与理解；另一方面，传统媒体仍然是广大受众心中最为信赖的媒体类型，当传统媒体接收并验证新媒体提供的信息源后，能够进一步激发受众传播该信息的信心与热情。

三、把关者

在发布新闻信息的过程中，传统媒体遵循着一套严谨的流程：先是对信息进行细致的筛选与严格的审核，确保无误后才予以发布。相比之下，新媒体在传播新闻时则显得较为自由，缺少了传统媒体中那种层层把关的机制。新媒体不会静待传统媒体来完成审核，而是直接投身于信息的海洋之中，这里信息量大且种类繁多，发布者多为非专业新闻人士，他们的新闻素养各不相同，要对这些信息进行全面把关，难度之大，几乎难以实现。有人或许会问，传统媒体是否还能为新媒体的新闻传播起到把关作用呢？答案无疑是肯定的。任何信息的传播都需要有把关人的存在，否则谣言将肆虐，虚假信息泛滥，而真实信息也会因真假难辨而让人心生疑虑，长此以往，信息的真实性将严重侵蚀媒体的生命力。因此，新媒体同样需要把关人的存在。那么，这个把关人的角色应由谁来承担呢？答案自然是拥有专业资质和较高水准的传统媒体。不过，这里的把关与传统媒体自身的把关还是有所区别的。一方面，把关的范围受限。传统媒体会对本媒体发布的所有信息进行严格把关，但对于新媒体的海量新闻，由于时间、人力、物力等方面的限制，传统媒体只能选取其中一部分进行把关，这部分信息往往是热点新闻，关注度高，影响广泛。另一方面，传统媒体对新媒体新闻的把关存在滞后性。也就是说，传统媒体无法在新媒体信息发布前进行把关，而是在其发布并引起广泛关注后进行把关。这是由新媒体的特性决定的，但这一环节却至关重要。尽管时间上有所滞后，但这并不意味着把关就不需要或不重要。

四、掌舵人

网民在自我传播信息时，确实面临着不少局限性。拿新媒体新闻事件的传播来说，很多网民往往是出于凑热闹的心态来传播新闻，他们在传播过程中缺乏必要的理性，新闻焦点容易被轻易转移，最终可能导致众说纷纭，公众一片哗然。新媒体新闻传播从高潮到衰退的过程中，缺乏一个明确的舆论引导方向，这足以证明，普通民众的基础传播力量并不能决定事件的发展走势，也因此，许多网民会感到疲惫和迷茫。在这种情况下，传统媒体的优势就显现出来了，它们能够引导事件的发展方向，从而改变过去那种传统媒体只是事件传播催化剂的看法，对舆论产生重要影响。新媒体作为网民的重要活动平台，在舆论引导方面存在明显短板，它在公共领域的主要功能是促进公众的讨论和参与。值得注意的是，新媒体在传播新闻时，往往受到商业利益的驱动，为了吸引眼球，很容易失去对新闻传播内容和方向的把控。因此，网民若想在新媒体平台上策划一场持久且有影响力的集体行动，难度颇大。这恰恰为主流媒体提供了施展其传播策略的空间。在传播理论的实践层面，主流媒体展现出了更高的理性和专业性。它不仅能够在传统媒体上实施议程设置，还能利用新媒体平台进行议程设置，比如通过开通官方实名微博来设定议题，从而引导舆论走向，掌控媒体事件的发展态势。

第四节　新媒体语境下新闻传播方式的变化及应对

一、新媒体语境下新闻传播方式的改变

（一）调整结构适应新的新闻传播模式

近些年，有越来越多的新媒体涌入国内传媒市场，挑战传统媒体的市场地位。新媒体的发展理念并不是彻底取代传统媒体，而是通过两者合作，共同探索共生共融的经营模式。不过，到目前为止，新老媒体的融合发展体系并不成熟，但这种融合发展模式已为现代媒体公司带来了比各自独立发展更为丰厚的收益，有着较为乐观的发展前景。因此，传统传媒产业未来的核心工作就是加快推进产业转型和升级，以便适应新媒体环境下的挑战，同时找准并抓住新时代的商机。这是新媒体背景下，传统传媒产业必须选择的道路。

那么，为什么传统传媒产业必须选择这条发展路径呢？

首先，传统传媒产业的转型与升级是新时代社会信息传递模式转变造就的自然产物。根据罗杰·菲德勒在他的著作《媒介形态变化：认识新闻媒介》中的观点："当新的传媒形式出世，传统传媒不一定会立刻消失，它会继续发展，并且可能在未来较长的发展过程中与新兴传媒形式相互融合，产生新的传媒产业经营方式。"

与其他一些事物不同，新媒介的出现并不代表旧媒介就要落幕，而是旧媒介在新闻传媒市场竞争中又迎来了新的对手。在经过各种新老之间媒介争相角逐，

互相取鉴，各媒介占领了足够它们生存的市场份额后，各新老媒介会迎来又一轮的稳定发展。新旧媒体融合的理念其实在很早以前就产生了，比如某某报刊通过电视、广播发布内容，例如《人民日报》的社论和重要新闻经常在中央电视台的《新闻联播》节目中播出，这便是报刊与电视两种媒介融合发展的模式。而在新媒体环境下，传统媒介难免走上了与新兴媒介融合的发展路径，如手机上的今日热点、百度新闻等。同样，也有新媒体与新媒体融合发展的例子，如新浪、搜狐、网易这样的互联网巨头联合共享新闻发布等。这一发展趋势使用户可以任意时间地点，在自己随身携带的新媒体终端上查找他们喜欢的信息。

其次，面对国外传媒集团来势汹汹的国际环境，各媒体不仅要采取融合发展模式，应对国外传媒对我国国内传媒市场造成的压力，还要打出去，通过联合发展增强我国在国外传媒市场的整体竞争力。信息技术的快速发展使信息全球化发展提高到更高的层面，曾经远隔千山万水、信息交流阻绝的各国家、各地区间的跨界交流日益频繁。地理隔阂和空间距离再也不是阻挡人们交流的阻碍。单就跨国信息交流这件事来说，地球村这个比喻更为贴切了。这正像马歇尔·麦克卢汉曾经预测的那样，由于人类的居住地迁移行为，在国际贸易活动中的货物流通还有人际互动中的跨文化交流等因素的作用之下，传媒产业的融合发展一定会发生。

在诸多场合中，我们越发依赖传播网络、运输系统，以及语言、文化等象征性界限来界定事物。全球化趋势的加强使得地域日益模糊，经济、社会、文化正逐步走向全球一体化。随着经济与文化的融合，传媒产业也踏上了全球扩张的征途。在市场经济的作用下，企业为了最大化利润，纷纷进行收购、兼并和重组，媒介产业也不例外，开始跨国跨行业地组建集团，国际传媒集团的规模持续膨胀，传媒间的国际整合已成为全球媒介发展的主流趋势。

现阶段，同美国或欧洲发达国家相比，我国的传媒集团整体实力尚且较弱，并且因受到地方政策的钳制，传媒行业的发展呈现出分散的趋势。总的来看，我国传媒行业的总体规模并不大，对 GDP 的贡献也不够理想。然而，国内传媒行业还在持续进步和壮大，拥有巨大的发展潜力。能否充分利用这一潜力，取决于传媒产业集团化的发展情况。

中国的媒体产业发展起步较晚，发展状况相对落后，且因各地方传媒产业发展缺少统一管理，存在比较严重的内容同质化现象。同美国与西欧的发达国家相比，目前我国传媒产业的融合发展水平较低，想要成立传媒集团还缺少强有力的组织管理模式和法律体系，还缺少像 NBC、Netflix 这样具备超强国际影响力的传媒品牌。所以，面临国外传媒集团近乎疯狂的扩张趋势，我国各大媒体产业亟须加速推进媒体融合发展进程，利用兼并、组合等手段整合各媒体产业的力量，建立实力雄厚的传媒集团。与此同时，应该吸纳民间资金，投入传媒产业市场运营，要坚定必胜的信念和做好同国外传媒集团打持久战的准备。这是中国走向世界，提高我国国际影响力的必经之路。

最终，回归传媒产业的创办初衷，各媒体产业的融合发展主要还是为了更好地服务广大人民群众。现代消费者的消费习惯有较明显的个性化倾向，而新老媒体如果选择各自为营，独立创新就需要很长的时间才能推出新的产品，这种创新效率根本跟不上市场需求的变化。只有各传媒产业融合发展，综合使用各种媒介、各种传播技术，才能尽快创造出丰富的、能够带给消费者不同体验的产品，以便适应市场上复杂变化的需求。

反过来想，如果各媒体不寻求相互合作，仍旧将大量的资源部署于发掘每日新闻热点和自身宣传上，那这些媒体还有什么出路呢？在各媒体发布的新闻内容同质化严重，大量受众流向自媒体的现在，各媒体一定要痛定思痛，重新制订产业发展规划，将各媒体资源统筹管理，各媒体分别针对不同需求不同的客户群体，开发特色化的传媒服务。也只有这样才能满足实际需求不断变化，需求面不断拓展的社会大众，真正立于公众的信息关注点经营媒体产业。最为重要的一点是，这样能够尽可能地避免各媒体因新闻内容同质化造成的资源浪费，提高传媒行业的经济收益。

（二）为适应新的新闻传播模式，传媒产业集团化的发展出路

新兴媒体不断涌现，传统媒体产业兼并重组，中国传媒产业想要走向世界，产业集团化发展刻不容缓。传媒产业集团化发展要尽快进行，但也要注意整体发展方向与发展节奏。我国的传媒产业集团化发展不能照搬西方国家的发展模式，毕竟二者的国情、文化大相径庭，但我国却可以从西方传媒产业成功集团化的经历中汲取一些好的经验。比如欧美国家的传媒产业集团化发展是以市场规律为引导，各大媒体在市场上自主竞争并最终发展成的。而我国的传媒产业发展则长期受到了过多的行政干预，这在一定程度上限制了传媒集团的自主性和创新能力，造成部分传媒产业"大而不强"的现状。因此，要想保障我国传媒产业集团化发展，就必须先从政策上给予传媒产业更自由的发展空间。

传媒产业集团化是指让多家传媒产业通过签订合约联合发展。联合的几家产业可共享信息，整合资源，避免新闻同质化，避免因重复生产造成的资源浪费，

强强联合，叠加彼此的企业竞争力，相互帮扶以巩固各产业的市场地位。集团化的具体表现为：第一，集团中的各附属媒体间可形成优势互补，灵活调配集团的人力物力资源，各方协力共同创办具有强大市场影响力的传媒品牌。同时，联合在一起的传媒公司因在市面上有了更大的影响力，它们在与集团外其他媒体的交流中掌握更多的主动权和话语权。第二，传媒集团可以发展一体化生产，各子媒体下属工作人员共同劳动，共享劳动成果。媒介集团化的发展过程是从简单到复杂，从初级阶段走向高级阶段，其间需要经过一个漫长的磨合发展过程。由于没人知道完美的发展路线，所以我国的传媒产业集团化发展也只能是摸着石头过河。下面给出几条有助推进媒介集团化发展的策略。

1. 只有制度创新才能推动传媒产业集团化的发展

有制度才有秩序，传媒产业集团化不是说随随便便地将几家媒体的领导人拉到一起，开开会，各自发表下意见，各媒体互换下资源，约定几项协议就完成了。为了保障这一发展目标能够实现，必须有成文、成体系的制度约束各子媒体的行为。迈向传媒产业集团化发展的各媒体是一个集体，更是一个整体，集团化的各媒体将作为一个独立的经济体在市场上参与竞争。而在这一过程中，绝对不允许集团中的任一部分做出危害集团内部团结的行动。因此，必须建设与传媒产业集团化发展相匹配的现代化管理制度。

2. 媒体集团的业务应该向多元化的方向发展

新时代背景下要用新的眼光寻找发展机遇。媒体集团发展业务不能再按照传统习惯那样只从报刊、电视、广播等传统媒介上寻求发展机遇，要多从互联网中寻找业务拓展方向。这种做法不仅能让传媒集团通过自身媒介业务盈利，还能通过其他业务渠道提供资金支持，从而确保资金链的持续稳定，增强传媒集团的竞争力。然而，传媒集团在拓展新业务时务必谨慎，不可盲目扩张，须结合自身的实际发展情况。只有当集团的规模达到一定程度，拥有足够的经济基础之后，才能开始考虑增加业务种类。在拓展时，应优先考虑与传媒业务相近或有关联的产业。

3. 在传媒产业集团化过程中，既要学习国外融合发展的经验，又不能一味照搬照抄

我国是社会主义国家，我国的经济体制是社会主义市场经济体制，国内各大媒体在追求经济效益的同时要兼顾正确引导舆论、传播正能量，维护国家的政治稳定和社会和谐，这就表示我国不可能像西方的资本主义市场体制下那样放手传媒产业随市场规律自由发展。所以给予传媒产业集团化发展的自由也必须是有

条件的自由。传媒产业集团化发展需要遵守社会主义的核心价值观，避免违背社会主义的主要准则，并且绝对不能偏离为人民服务的宗旨。因此，我国的传媒产业集团化要走符合我国基本国情的特色发展道路，对西方发展模式只能是借鉴。

传媒产业隶属文化产业。传媒产业的产品的生产一定会带有传媒产业所在国家或地区的文化元素。国外媒体集团在中国市场的运作会带来国外的文化，而我国媒体集团的国际化发展也会将我国的本土文化传播到国外。

我国有着五千年之长且从未断层的文明发展史及丰厚的文化积淀。我国在推动传媒产业集团化的过程中，应该充分发挥这宝贵的传统文化资产的作用。因为当媒介在国内实现跨行业和跨地区发展后，跨国和跨区域发展便成为媒介集团化的最终目标。所以，在媒介融合的初期阶段，我们就应融入文化元素，为媒介未来的跨国发展奠定坚实基础。只有这样做才有可能创造出一种兼具吸收西方先进理念与凸显中华优秀传统的媒体集团。

4.打造媒介集团的品牌，建立媒介相关产业链条

当前企业普遍重视品牌效应，拥有知名且受喜爱的品牌能稳定消费群体，并吸引更多消费者。媒介集团要发展，也须打造品牌。通过提升产品质量，树立值得受众信赖的品牌形象，从而吸引大量长期受众。

传媒产业发展需要信息，尤其需要每天都在产生的最新的信息，还需要进行生产活动所需的物料，它是无法脱离其他产业独自存在的。例如像传媒产业的出版发行需要依靠供货方给它们供应原料，如制造打印机设备的厂商、制纸工厂和油墨厂家等。影视作品的面市与资金回流需要靠影剧院、网络视频平台之类的直接面向消费者的销售伙伴帮忙投入市场。传媒产业需要同这些公司保持稳定的关系，可以考虑投资或者自创相关的业务单位，以便保证整个供应链的完备性和稳定性。

（五）加快媒介集团的资本运作

媒介集团通过市场融资等资本运作手段，能够极大地促进其快速发展。因此，政府应鼓励媒介集团在市场上自主筹资。由于我国的媒介集团尚处于发展初期，规模相对较小，实力不够强大，经济基础薄弱，唯有通过市场资本运作，方能突破资金短缺的瓶颈，进而扩大集团规模，激活资本活力。媒介集团化后，各媒介的资本得以汇聚，这为资本运作提供了必要条件，而资本运作又会进一步推动更大规模的资本集中，如此循环往复，媒介集团便能逐渐发展壮大。

二、新媒体语境下信息传播方式的迭变

知名 IT 评论家洪波曾称赞微信为"增速最快的在线通信工具",其用户数在一年多内从零增长到亿。而微博在几年内便迅速达到发展高峰,势头依然强劲。这些新媒体的崛起无疑给传统媒体带来了巨大挑战。

(一)微信、微博等新媒体的发展

当人们用手机或机顶盒上网时,意味着我们正迈入一个新时代,工程师称之为弥漫计算时代,通信专家则直接称之为第三代互联网时代。在此背景下,智能手机兴起,催生了微信、微博等新兴媒体。

(二)微信、微博等新媒体打破了传统媒体"意见领袖"相对单一的状况

在传播学的基础理论体系中,"意见领袖"及"两级传播"是非常重要的两个概念词汇。"意见领袖"指的是在大众中的一部分能够博得其他人认可,向其他人传播信息并能轻易对他人意志造成影响的人。在消费行为学中,特指为他人过滤、解释或提供信息的人。通常,意见领袖会比普通人花费更多的时间用于学习知识和研究各媒体的传播内容,然后将他们从此类活动获得的见解传输给普通大众。新媒体崛起后,意见领袖可在自媒体平台上自由发帖,不再需要依靠大众媒体。新媒体的发展给意见领袖的生存创造了更适宜的环境,以至于网络上意见领袖的队伍一直在扩大。不过,随着意见领袖的增多,其管理也变得更加困难,难免有些居心不良的人想要通过散播些浮夸、离奇的没有可靠信息来源的消息为自己增加热度,误导大众。意见领袖的队伍需要清理。

(三)微信、微博等新媒体还存在许多缺点,短时间内还难以替代传统媒体

首先,国家对微信、微博上的虚假信息传递监管、防治工作还不到位。虽然微信、微博等平台账号的注册需要实名认证,但对账号的实际使用者却缺少验证,以至于有部分不法分子通过盗窃他人账号,冒充他人实施诈骗行为。还有通过笼络号主,唆使未成年人帮忙刷单、刷评论等捏造虚假信息的行为。

其次,微信、微博没有传统媒体那样稳定的营收来源。虽然这些社交工具已经尝试通过一些平台小程序向用户发布广告获得营收,但这一项目因客户来源不稳定、乐意观看广告的人数不稳定,其具体盈利也就不稳定。其资金来源还须进

一步拓展。

最后，受技术条件限制和运营商服务滞后等因素的影响，微信、微博等新媒体平台传播信息时常因设备陈旧、版本更新等问题出现卡顿、发送失败等状况。一些用户反映，他们发送的微信信息往往需要很长时间才能到达目标受众，这严重影响了信息的实时传递效果。

此外，与传统媒体相比，微信、微博等新媒体还没有足够的权威性，况且结合实际情况来看，新媒体上当前仍存在有大量的自媒体博主喜欢夸大其词，对事物的说法缺乏有力论证。而且，不少新媒体还未被国家的新闻出版监管部门授予新闻报道权利，只能转发、转播些其他媒体的新闻，这直接导致这些新媒体无法与传统媒体相提并论。

随着互联网技术的不断进步，微信、微博等新媒体的涌现与发展，虽然不会让传统大众媒体消失，且在短期内也不会撼动其主导地位，但它们确实打破了传媒格局的相对稳定状态。新媒体与传统媒体之间的竞争无疑会日益加剧。因此，两者相互学习、融合互补，成为一个不可避免的趋势。

三、新媒体语境下文化文明传播方式的创新发展

（一）媒介素养的内涵

媒介素养是指个人在接收大众传媒发布的消息时所表现出的新闻解读和批判能力。媒介素养高的人能够认清媒体的实际功能，理性分析媒体传播的信息并在评论区发表自己的看法。媒介素养并非只有媒体工作者才拥有，每一个和媒体本身乃至媒体发布消息有关的人都具备媒介素养。媒体受众的媒介素养越高，他们对媒体传播信息的理解就越贴近于媒体编辑，由他们做出的对新闻内容的二次传播也就越优秀，媒体的传播效果就越好；反之，如果媒体受众的媒介素养偏低，媒体传播的效果就越难有保证，甚至有可能漏掉他们需要的信息。对媒体工作者来讲亦是如此，当他们的媒介素养较高时，他们对新闻素材的编辑整理也就越恰当，越能够准确地将记者想要表达的信息传递出去；反之，则会不能妥善管理和发送新闻信息，容易造成工作失误。

E.M. 罗杰斯在《传播学史》中将媒体受众的媒介素养归纳为四个部分：一是对媒介本身与其使用方法的掌握，二是对媒介传递信息的批判能力，三是对传播信息编辑能力的发展，四是懂得怎样使用大众媒体中的资源促进自身发展。

从媒体的角度上看，因媒体雇有大量的工作人员分属世界各地帮助媒体获取

新闻素材，而个人则只能通过自身亲历的没有多少的见闻或借助媒体发布获取信息，所以媒体能通过筛选与编辑发布内容影响大众对现实社会的认知。在新媒体加入传媒市场竞争后，传媒市场中的信息传播量飞速提升，但其可靠性却难以判别。有很多消极、虚假的消息混入其中，影响着我国人民生活的幸福安定。如果媒体工作者不具备较高的媒介素养，那些带有负能量的假消息可能就会掺入大众传媒发布的信息中，可能会发生媒体信息失真、媒体丢掉公信力等无法挽回的结果。同时，媒介素养较低的工作者的信息处理效率偏低。现代传媒市场中的海量信息有复杂度高、相似度高的特点，而媒体编辑要想从这些信息中选出适合出版发布的内容，需要花费很长的工作时间和很大的精力。媒介素养不足会导致他们的工作不能得到他们想要的成果，发布最新消息的速度慢、内容质量差，乏善可陈，影响受众体验。甚至，还会导致受众纷纷抛弃该媒体，而失去群众基础的媒体迟早会因经营不善面临倒闭。

从受众的角度来看，自新媒体诞生以来，如今的受众既可以是传统意义上的信息接收者，也可以是信息发布者。新媒介的兴起为个人发布信息创建了渠道，在新媒体背景下，人们可以随时随地使用手机、电脑等向网络上传播消息。这给人们带来便利的同时也带来了新的问题。不是每个人都能达到媒体从业者的专业素质和道德标准，但这个时代却给了每个人发表信息的权利，这使得互联网上的假消息与垃圾消息数量激增。针对这一状况，有部分学者提出："由于新媒体进入传媒市场过于突然，相应的市场管理制度尚未完善，未来还会有很多先前没有预料到的事态发生。而互联网中真实信息与虚假信息大量堆积，大众每日接触到的信息缺乏有力把关的现状则因为相关处理所需的工作量过于巨大，这一状况还会困扰媒体与大众较长的一段时间。"

新媒体时代下，媒介素养可以说是衡量一个人文化修养高低的重要指标。特别是新旧媒介融合发展的当下，融合新闻对公民媒介素养提出了新要求。网络媒介的兴起为民众和传媒搭建了共同的新闻传播平台，但公众文化素质各异，导致信息质量参差不齐。因此，公民应自觉提升媒介素养，理解并洞察媒介信息及其深层含义，理性批判媒介内容，并有能力主动利用媒介，与之共建良性互动。

（二）提高公众的媒介素养以推进新闻传播方式的变化

新媒体技术的出现及新兴通信设备的普及打破了传统的新闻传播模式，传统理念中新闻发布者与受众的界限也逐渐模糊。这个时代，已经没有绝对意义上的传播者或受传者。如今，一般大众也可充当新闻传播者，而专业的新闻工作者也可以在自媒体平台上观看民众上传的各类视频或文字作品。生活在这样的时代环境中，人们或许不应只因一时性起，就由着自己想要尝试新鲜心理到网上大发感慨，而是应该先努力提高自己，不要使网络信息环境污染加重。

首先，公众应该培养作为传播者的自觉性，认识到自己不该去盲目承受其他媒体或自媒体的信息灌输，而是有权利选择自己感兴趣的信息，并能够与媒体和他人进行互动交流，向网上的人传递信息。

其次，公众需要积极了解和学习新媒体技术，学着适应这个信息泛滥的时代。要学会这个时代下的生存方式，学着用自媒体来展示自己的想法并共享信息。随着新媒体的发展，公众有了更便捷的方式去迅速传送信息，只有真正理解并将新媒体融入自己的生活与工作，公众才是真正享受到了新媒体时代的红利。

此外，公众应培养自身判断信息真实与否的能力、培养自己的网络道德和自觉维护网络环境的意识。考虑到新媒体时代的新闻传播环境特点，大众应自觉抵制虚假信息侵入网络环境。即使现在的互联网上并没有特别详细的有关什么信息可以发布、什么信息不可以发布的明文规定，自觉抵制网络环境信息污染也不一定能够给参与者带去什么实际利益。但大众应该明白，维护好网络环境是我国社会精神文明建设的一项重要任务，是能够影响国内社会风气，影响民族团结，乃至影响下一代人成长的每个人都应尽的义务。维护网络生态文明功在当代、利在千秋。

学校是我国培养人才的主要场所，而大众媒介素养的培养就应从学校育人抓起，通过设立相关课程或者举办讲座，强调媒介素养的重要性。要尽早地开展对个人媒介素养的培养，教会他们掌握如何运用媒体和批判性地接收信息，让大众理解自己应为这个社会做些什么。

不断生成与迭代升级的新媒体连续冲击着我国的传媒市场。不过，虽然新媒体的兴起对传统媒体发展造成了一定的不利影响，但也让传统媒体找到了转型发展的方向。传统媒体应拥抱新媒体技术，探索新老媒体融合发展的创新路径，这大概是未来几十年传统媒体都将保有的一个发展趋势。而随着新老媒体的融合发展，传统新闻传媒行业的发展格局也将接连变动，这又转过来推动着新老媒体积极寻找创新融合发展方案，以图适应动态发展的市场。可以预见，融合发展是传统媒体唯一的出路，而固守陈规，继续实行传统发展策略只会阻碍传统媒体在新媒体时代下的营运，阻碍传统媒体从传媒市场中获取更多的营利与扩大规模。

媒介融合促进了媒介产业利润的提升，优化了资源配置。因此，融合新闻应运而生，它能够满足现代媒介市场的需求，为受众提供个性化和专业的服务。

媒体融合和融合报道为新闻传播专业教育、公众媒介素质培养带来了新的教育目标和教育重点。接下来要培养的媒体人才必然是精通传统媒体与新媒体的复合人才，原本已经在职的媒体工作人员需要参与培训，补齐自身在融合媒体发展模式中的短板。现代高校要及时补充最新的媒介，设置配套课程，并修订学校办学理念来引导教师与学生适应当前媒体融合的环境，这样才能保证高校培养出的毕业生可以匹配行业的需求，充分满足媒体融合所带来的用人市场新需求。与此同时，我们也不能仅仅关注提高专业媒体工作者的媒介素养，公众的媒介素养良莠不齐也是亟待解决的问题。由于新媒体的大众化，每个人都有机会变成信息的发布者或传递者，因此公众就必须具有分辨真实信息的能力，懂得如何挑选对自己生活和工作有用的资讯。因此，提升公众的媒介素养，不仅能帮助他们更好地行使传播者的权利，还能优化其日常生活质量。

媒介融合的推进过程并非毫无阻碍，而是需要国家层面的政策与法规为其后续发展扫清障碍。考虑到我国媒介融合当前的状况，国家更应迅速出台相关法律规定，助力媒介融合突破政策限制，在国家的宏观调控与市场自由竞争之间找到平衡点。

尽管媒介融合的发展之路充满挑战，但其前景却是充满希望的。这一趋势势不可挡，为中国传媒市场带来了全新的格局，并促使新闻传播方式发生变革，成为媒介产业亟须应对的首要议题。因此，我们需要深入理解媒介融合的本质，同时把握融合新闻的核心，在媒介融合的大环境下，充分利用融合新闻在信息传播中的作用，确保信息能够高效传播，也为传媒产业的整体发展增添更多价值。

第五节　新媒体环境中新闻传播者的专业素养

一、新闻工作者角色道德自觉的本质及特征

（一）新闻工作者角色道德自觉的本质

新闻传播系统和社会系统相互作用时，新闻工作者处在类似桥梁和纽带的关键位置上，他们是新闻传播活动的主要力量，也是新闻传播系统的核心构成部分。新闻工作者的主要职责在于，从纷繁复杂的现实中发掘并筛选出具有新闻价值的事实，将其转化为传播符号，借助多种传播渠道，将这些信息传递给受众。这一过程不但实现了社会最新新闻信息和舆论的传播，还反映出人类社会最新变

迁的价值取向。

新闻工作者从而成为正义的代言人，在社会上起着举足轻重的作用。他们的根本使命源于社会给予的众多期望和责任：记录历史、传递真实资讯，服务社会民众、引导正确舆论走向，传播正能量、维护社会公平正义，并且倡导文明、施行道德教化。只有当新闻工作者深刻理解和准确把握自身社会角色的本质，他们才能将个人行为与所扮演的社会角色紧密相连，充分发挥主观能动性，清晰认知并践行自身角色的权利与责任，从而培养出高度的角色道德自觉性。

按照马克思主义的观点，道德的本质被深刻阐释为"人类精神的自律"。这体现在个体主动剖析、理解、接纳、掌握并践行道德规范和伦理要求。道德作为一种特殊方式，使人们通过善恶判断、道德评价和准则来认知现实世界，区分社会现象中的善与恶、正义与非正义，并向个体提出相应的道德要求和指令。个体则通过积极响应并自觉遵守这些要求和指令来践行道德。从根本上说，角色道德自觉体现为角色个体内心的道德自律、良心的审视及道德自我的提升。这不仅反映了角色个体道德成长的必然趋势，也展现了社会角色扮演者在道德方面的自主性和创造性。对新闻工作者而言，角色道德自觉意味着他们对新闻职业角色道德的深刻认同和坚定维护。在新闻传播活动中，为了充分发挥主体性和能动性，新闻工作者会自觉遵循角色伦理规范，不断使自身的角色意识和行为与新闻道德规范、社会伦理期望相契合。这一过程既是认识与实践的深化，也是实现自律状态和自由自觉道德境界的过程。从本质上讲，新闻工作者的角色道德自觉就是他们个体精神的自律、良心的审视及道德自我的提升。

（二）新闻工作者角色道德自觉的特征

新闻工作者的角色道德自觉是现代社会文化与道德生活的必然要求，这体现了他们对自身职业道德有着深刻的认识并坚决维护。其特点在于，这种自觉不仅是对外部要求的积极回应，也是个人内在追求的体现；它巧妙地将道德认知与实际行为、道德情感与理性判断相结合。

1. 新闻工作者角色道德自觉是受动性与主动性的统一

人的本质体现为多种社会关系的综合。从诞生之日起，人便置身于既定的自然与社会环境之中，这些环境是客观存在的，不受个人意志的控制。社会环境为个体设定了具体的道德准则，个体在复杂的社会网络中扮演着多重角色，其道德行为不可避免地会受到外部环境和社会条件的制约。角色道德自觉的形成与发展，是角色道德规范、社会环境等多种因素共同作用的结果。新闻工作者身处特定的社会关系网络，被赋予特定的社会角色，他们的新闻传播行为是一种社会化的活动，必然受到与角色相匹配的角色道德规范体系的约束和引导。新闻传播活动中蕴含的社会道德关系及其角色道德规范体系，是新闻工作者角色道德自觉的主要源泉。因此，从这个角度来看，新闻工作者的角色道德自觉是一个相对被动的过程，在进行角色道德实践时，他们必须遵循社会对该角色的期望及角色道德规范体系的要求。然而，在现实生活中，每个角色个体都具有主观能动性和创造性。作为独立的个体，他们对角色道德规范体系有着各自不同的理解和体验，从而构建出各具特色的角色道德自觉体系。在社会道德关系和道德活动中，每个角色个体都通过亲身参与道德实践，借助自我意识这一心理机制，实现角色道德的内化。对新闻工作者来说，在新闻传播活动中，他们需要准确理解和把握新闻信息传播过程中的角色道德规范体系，通过践行这些规范，形成对自己所扮演社会角色的清晰认识。只有这样，他们才能将这些规范转化为自己的角色道德观念和态度，坚定自己的角色道德信念，最终塑造出独特的角色道德形象。这一过程充分展现了新闻工作者角色个体的主动性与自觉性，同时也揭示了新闻工作者角色道德自觉生成与发展过程中的主动性。因此，新闻工作者的角色道德自觉是被动性与主动性的有机统一。

2.新闻工作者角色道德认知与角色道德行为的统一

新闻工作者在社会中承担着特定的职责，其工作本质上是一种传播新闻信息的人类活动。在新闻传播的过程中，这种社会职责为新闻工作者带来了相应的道德要求。新闻工作者在新闻工作中的道德表现，主要体现在道德认识和道德实践这两方面。首先，个人的道德认识是道德意识自觉形成与发展的基础。新闻工作者需要准确理解自己所扮演社会角色的道德规范、原则及其重要性，自觉意识到自己对社会和他人所肩负的责任，并将履行这些责任视为新闻传播活动中的道德信念和追求。这种对道德规范、原则及责任的认知，能够从外部对新闻工作者的传播行为进行约束，使其行为符合自身角色的道德标准。其次，在道德认识的基础上，新闻工作者还须进行道德实践，即实施道德行为。在道德实践过程中，他们遵循角色道德发展的内在规律，依据道德标准和价值准则做出自觉且自愿的选择，将外在的道德规范要求内化为个人的道德自觉，从而在角色扮演中实现道德实践。新闻工作者角色道德的最终自觉，是道德认识与道德实践相互融合、相互促进的结果。

3.新闻工作者角色道德情感与角色道德理性的统一

角色道德自觉的形成，根植于个体在现实生活中所获得的道德情感的滋养。

它既受到角色道德理性的制约和引导，又受到道德情感的激发与渗透。一般来说，个体对角色的道德认同感越强，角色道德情感就越能茁壮成长，对角色的道德行为起着至关重要的调节作用。此外，角色道德自觉还追求一种崇高的道德理性境界。在道德实践的过程中，角色道德理性能够驾驭个体的行为，使积极且符合角色道德规范的情感得以展现，同时遏制那些违背角色道德要求和社会道德准则的情感，从而确保角色道德行为得以正确实施。在新闻传播领域，新闻工作者的角色道德自觉源自他们对新闻传播职业的热爱与认同等内在情感体验。如果一名新闻工作者在新闻传播实践中，不愿积极主动地遵循角色道德规范，而仅仅将这些规范视为外在的职业要求和责任，那么这个新闻工作者在新闻德行上便有所欠缺，也缺乏角色道德自觉。德行是行为主体内在的一种品质，它体现了个体的道德风貌和精神境界，包含了道德认识、道德意志和道德情感等多个方面。

角色个体在经历长久的社会历练和深刻的内心感悟之后，会逐渐积累起各种情感，这些情感是角色通过认知活动在内心深处产生的体验。在道德范畴内，道德情感构成了角色道德心理中最为深刻、稳固且持久的情感层次，它不仅直接影响着角色的思维方式、生活方式和行为习惯，还是角色个体追求自我提升的关键一环。角色道德情感是角色主体依据特定社会的角色道德规范和社会伦理要求，在理解和评判社会角色间的关系及社会角色与社会整体相互作用的过程中，所产生的一种带有善恶判断色彩的情感体验。对新闻工作者来说，角色道德情感不仅是其角色道德自觉形成与发展的直接心理基础，更是推动这一自觉过程不断前进的强大动力。

在人类的社会活动中，人既是情感的承载者，也是理智的主导者，实现了情感与理智的和谐统一。康德曾提出，作为理智的存在，人的行为应当遵循自由的法则，即人们通过理智为自己制定行为准则，以确保自身行为符合普遍性的理性原则。新闻工作者的角色道德生活同样展现了道德情感与道德理智的紧密结合。新闻工作者角色道德自觉的形成与发展，有赖于道德理智的约束、塑造及引导。

新闻工作者个人的幸福感和愉悦感，往往取决于他们在新闻传播活动中所展现的行为是否符合角色道德理智的规范。角色道德情感中蕴含着理智的启迪，要实现角色道德自觉，既需要道德理智的引导，也离不开道德情感的激发和助力。新闻工作者的角色道德自觉，是一个道德情感与道德理智相互渗透、共同升华的过程和境界。

二、新媒体时代对新闻人才的具体要求

（一）具备跨学科的知识

随着媒介融合的持续推进，不同学科间的界限日益模糊，这一趋势预示着跨学科研究将成为新闻教育领域的一个重要方向。以往，新闻教育大多局限于文学学科之内。然而，在媒介融合的新时代，新闻教育的范畴已经远远超出了文学领域，它涵盖了工科、电信等多个领域的知识，并面临着因学科界限模糊而带来的跨学科研究挑战。进入新媒体时代，对具备跨学科知识的新闻人才的需求越发迫切。在这种背景下，美国的密苏里大学等众多高校纷纷采取行动，积极推广"媒体融合"教学模式。特别是密苏里新闻学院，更是率先开设了"媒体融合"本科专业。这一专业的设立，正是基于对新闻传播环境深刻洞察的结果：新媒体形态不断涌现，传播方式日益多样化，传统新闻媒体的界限正在被不断打破，传统媒体与新媒体的融合已成为媒体格局变革的必然趋势。因此，现代新闻工作者在进行新闻活动时，必须具备跨越媒体界限的思维能力和实践能力，以适应不同媒体平台的多样化需求。"媒体融合"专业正是致力于培养这种全能型的新闻人才，使他们能够掌握满足各种媒体需求的专业技能，成为新时代的传媒精英。

（二）掌握新媒体技术

如今，新媒体技术已成为新闻工作者不可或缺的核心技能。随着新媒体的快速发展，媒体工作者需要采用新颖且富有创意的工作方式，信息的收集、处理及发布等环节都高度依赖多种新媒体技术，并且这些工作通常由个人独立完成。新媒体技术在优化新闻采访流程方面发挥了巨大作用。在采访过程中，为了简化报道流程、提升现场直播的时效性，新闻工作者会利用数字录音笔、数码相机等工具直接获取数字信息，或者借助无线网络迅速将内容上传至网络平台；同时，即时通信工具打破了地域限制，使得记者能够与采访对象通过网络实现实时交流。在信息编辑处理阶段，新媒体信息的超媒体特性打破了传统线性编辑的局限，工作人员可以结合人工操作与技术辅助，利用超链接灵活地将多种多媒体信息进行整合。此外，音频、视频的非线性编辑软件大大提升了信息处理的灵活性和便捷性。综上所述，新媒体技术深刻影响了媒体从业者的作业方式与内容。

新媒体，尤其是互联网的兴起，堪称人类社会的一次重大变革。对新闻教育及未来新闻人才而言，掌握基础网络技能及持续更新的知识，对个人成长和与时代同步至关重要。当前，新闻行业内采用新技术已成为一种普遍现象，这意味

着，掌握新媒体技术已成为现代新闻工作者不可或缺的一项技能。

（三）具有高度职业精神

在新媒体环境中，信息的自由流通、传播者的广泛性及媒体机构的商业化趋势，给信息监管带来了巨大挑战，进而使得信息环境变得混乱。这种混乱主要体现在虚假信息和不良信息的泛滥，以及信息产品版权保护不足等方面。因此，新媒体时代对具备高度专业素养的新闻人才的需求变得尤为迫切。

新媒体与传统新闻媒体在信息发布机制上存在显著差异，这也正是新媒体常受虚假信息和不良信息泛滥指责的原因。传统新闻媒体机构不仅受到政府和法律的严格监管，还拥有庞大的新闻采编团队，确保了信息的丰富性和权威性。它们建立了完善的新闻审核流程，每条信息发布前都要经过多道严格筛选。此外，传统媒体凭借其长期积累的品牌价值，为了维护在公众中的信誉和良好形象，一般不会轻易发布虚假信息。然而，新媒体的传播主体除了部分由新闻媒体开办的网站外，更多的是商业网站、组织及个人。这些商业网站大多缺乏专业的信息采编人员，信息来源有限，只能对其他媒体的信息进行简单整合。由于信息收集渠道不完善，它们时常面临信息源短缺的问题，不得不采用未经核实的其他媒体信息。同时，由于缺乏健全的信息发布机制，它们往往只是简单加工信息后就急于发布。受限于人力和财力，这些网站难以对所有发布的信息进行逐一核实。更为严重的是，在商业利益的驱动下，一些网站为了提升点击率，甚至故意发布和传播虚假信息，这极大地降低了商业网站所发布信息的可信度。

随着新媒体的发展，出现了诸多问题，这些问题已经引起了政府和社会各界的广泛重视。为了推动新媒体的健康发展，各方都在加大整治力度。在这样的背景下，新媒体时代对具备高度专业素养的新闻人才的需求变得越发迫切。

第四章 新媒体时代网络新闻传播研究

第一节 我国的网络新闻传播及其失范与表现

了解我国网络新闻事业的发展历程和特点，对于认识网络新闻传播失范现象至关重要。网络新闻传播失范是社会失范的一种，既具备社会失范的共性，又因新闻传播的本质和网络媒体的特性，拥有其独特的内涵和特征。此外，网络新闻传播融合了网络传播、网络社会和新闻传播的属性，其失范表现形态丰富多样。

一、网络新闻传播的失范

网络新闻传播失范有多种表现形式，要探究其复杂表象的本质和成因，首先需要明确界定失范行为，并分析网络新闻传播失范的特点。

（一）失范行为的界定

"失范"这个概念，最早是法国社会学家迪尔凯姆提出的。他解释"失范"为：社会规范缺失、模糊或频繁变动，导致无法为社会成员提供明确指引的一种社会状况。在迪尔凯姆看来，失范反映了社会在个体层面上的缺失和不在场。他主要从社会层面探讨了失范的成因，但对个体行为选择的主观因素探讨较少。大约半个世纪后，美国社会学家默顿进一步发展了失范理论。默顿指出，社会问题的根源不在于人们未能满足其社会地位的需求，而在于他们的社会地位未能恰当地融入一个合理且紧密联结的社会制度中。他认为，失范是文化结构和社会结构在个体身上造成的一种紧张状态。

基于前人的研究成果，并结合本书的研究视角，我们对网络新闻传播失范进行了如下定义：网络新闻传播失范，指的是在网络新闻信息传播过程中，由于基本规范的不完善或缺失，导致道德调节功能减弱甚至失效，进而造成整个传播行为层面的混乱和无序。

（二）网络新闻传播失范的特征

网络新闻传播中的不规范行为是一种新的社会失范现象，与传统失范相比，它的特点包括四方面。

1. 产生环境的虚拟性

网络新闻传播失范是一种在网络虚拟空间中发生的社会失范现象，这是它与传统社会失范的主要区别。所有网络失范行为都与网络有着密切的关系，它们或是直接针对网络本身，或是利用网络作为手段来实施现实社会中的不当行为，又或是在网络化背景下更加凸显的社会现象。总之，若是没有网络虚拟环境这一特定背景，就不能将这种行为定义为网络新闻传播失范。

2. 作用范围的广泛性

网络已经覆盖全球，上网人数众多，因此网络新闻传播失范可能会引发全球性的失范问题。当前，网络社会将世界各国、各地区、各民族紧密地联系在一起，形成了一个由多个国家组成的全球性技术组织和社会群体。网络社会的这种全球化特征，表明网络传播失范在实质上已经变成了一个非常普遍的社会问题。

3. 行为主体与危害结果的隐蔽性

在互联网空间里，个体能够隐匿自己的真实身份，在世界各地开展各种活动，甚至能藏身于地球的任何一个角落，包括合法的地点。由于网络行为缺乏直观的场景和明显的表现形式，因此网络上的非法与不当行为往往难以及时被察觉和认定。此外，网络环境还为人们提供了一个角色扮演的平台，人们可以在此尝试不同的角色，体会各种角色的要求与情感，并根据自己的理解去实践。当这些网络行为模式逐渐固定下来，且与现实生活中的表现存在显著差异时，就可能出现多重人格的现象。频繁地在网络自我与现实自我之间转换，可能会导致人格冲突，进而诱发心理疾病。这种不良影响是持久的、不易被觉察的，并且具有一定的隐蔽性。

4. 表现形式的复杂性

网络新闻传播失范的原因多种多样，表现形式复杂，常使得多种网络问题交织在一起，难以单独分析。此外，解决网络失范问题的关注度和条件也相当复杂。

二、我国网络新闻传播失范的表现

互联网的迅猛发展对传播领域产生了深远影响。网络被视为"第四媒体"，拥有传统媒体所不具备的特性，包括传播主体的多元化与全球性、选择的多样性、传播者与接收者之间互动的增强，以及传播者和接收者身份的隐匿性。这些特性共同构建了一个全新的传播环境，为人们自由获取、传播和发表信息提供了广阔的平台。然而，这也为虚假信息、不良信息的传播及新闻侵权等问题提供了机会。

（一）虚假新闻

互联网的出现极大地改变了信息传播的方式，使得多媒体内容能够以数据化的形式广泛传播。然而，随着网络的快速扩张，网络新闻的可信度问题逐渐凸显。一些网络媒体为了吸引点击量，忽视了正确的舆论引导，发布未经核实的信息或者转发虚假新闻，从而误导了公众，导致网络新闻丧失了真实性。

网络虚假新闻的危害不容小觑。首先，对网络新闻媒体而言，真实性是其赢得公众信任的基石。尽管在某些情况下，为了新闻竞争，部分媒体可能会选择炒作虚假新闻，短期内或许能带来一定的流量和关注度，但从长远视角来看，这种行为对其公信力的损害是极其严重的，最终会导致它们在新闻竞争中处于更加不利的境地，失去核心竞争力和受众基础。此外，网络的虚拟性在一定程度上为虚假信息的传播提供了便利条件。在网络环境中，人们可以使用化名发表言论，甚至肆意编造信息，将未经核实的消息加工后迅速传播。这些消息能在极短的时间内传遍整个网络，并进一步渗透到现实生活中，对网络新闻的公信力造成严重损害。如果不对网络虚假新闻的发布与传播进行有效管控，任由其肆意扩散，受众就会逐渐对网络新闻失去信任，这对网络新闻这一新兴媒体的发展构成了巨大威胁。最终，虚假网络新闻对社会公众的危害也极为严重。随着网络用户的快速增长，人们对网络的依赖程度日益加深，加之网络传播的开放性和便捷性，虚假信息一旦在网络上出现，就会像野火燎原一样迅速蔓延。这不仅可能损害个人名誉、骗取他人财物，在极端情况下，还可能引发社会的广泛恐慌。在网络技术飞速发展的今天，虚假新闻如同脱缰的野马，如果不及时加以驯服和控制，其危害将越发严重，甚至可能造成无法挽回的后果。

（二）色情泛滥

在传统传播理论的发展过程中，受众研究逐渐从"魔弹论"的束缚中解脱出来，转向"有限效果论"，并且随着社会的不断进步，受众的地位日益凸显。网络媒体的快速发展更是极大地增强了受众在信息选择上的主动性。以往，传统媒体是向受众"推送"经过筛选的信息，而现在，受众则需要在海量的信息中"筛选"出自己所需的内容。从这个角度来看，受众几乎能够获取到任何他们感兴趣的信息。因特网技术的发展为新闻信息的自由获取及言论自由市场的形成提供了强有力的技术支持。然而，考虑到当前大部分网民的受教育程度存在局限性，当面对大量满足人类本能需求的"复制"信息时，人们天生的好奇心可能会驱使他们在没有道德约束的情况下浏览不良信息。有报道称，随着网络技术和复制技术的不断进步，有12%的青少年通过网络匿名交易在色情网站上获取了各类色情资源。

网络媒体与传统媒体的最大区别在于其交互性。在网络环境中，传播与接收几乎同时进行，互联网的高速、广泛覆盖及超链接特性，让传播者能即刻获得反馈。传统意义上的"受众"，只要具备相应技术和设备，就能随时发布和修改信息，轻松参与网络信息的重构。这同时也为不良信息的迅速扩散提供了便利，使得更多人被卷入其中，增强了其影响力。

（三）报道角度异化

一些网络媒体倾向于在其重要位置报道社会上的反常事件，而非那些虽无轰动效应却与受众生活紧密相关的日常新闻。这些网络媒体每天热衷于报道诸如杀人、放火、抢劫、强奸、性丑闻、恐怖袭击等犯罪新闻，却很少关注民众日常生活中的琐事，比如柴米油盐，以及关乎民生的就业、污染、住房、贫困、疾病、腐败等问题。它们似乎已不再把满足人民群众对与自身利益和生活紧密相关的新闻事件及人物真实情况的知情权放在首位。

网络媒体拥有构建虚拟环境的能力，在追求经济利益的驱动下，它会根据资本的导向进一步扩展这一虚拟环境。从传播学的角度看，尽管我们可获取的信息量在不断增加，但对现实世界的真实认知却在不断减少。网络媒体过度的商业化趋势，导致新闻报道呈现出一种新倾向，即倾向于炒作丑闻、片面展示、塑造刻板印象、简化报道内容及进行戏剧化渲染。

这种新闻报道的扭曲现象削弱了网络媒体在社会政治事务中的参与度。因为公众最终会意识到网络媒体的虚假性较高及新闻报道质量的下降，从而改变对这些网站的评价，降低其公信力。一旦公信力丧失，网络媒体原本所具备的积极价值和意义也就随之消失了。

（四）侵犯个人隐私

随着信息网络技术的迅猛发展，信息的收集、传播与管理变得前所未有的便捷。然而，在享受这些技术带来的诸多便利的同时，个人隐私也面临着前所未有的威胁。计算机强大的记录和存储功能，加上网络的快速进步，使得个人信息的收集与利用变得异常容易。随着人们对网络的依赖日益加深，个人隐私被窥探和窃取的风险也随之急剧上升。近年来，网络上频繁发生名人隐私泄露事件，给当事人带来了极大的困扰，严重干扰了他们的正常生活和工作。由于网络空间的全球性和信息传播速度之快，一旦公民的隐私权在网上被泄露，全球范围内的人都能在瞬间获取这一信息。这无疑会使隐私被泄露者陷入极为尴尬的境地，给他们带来巨大的心理创伤和痛苦。

（五）侵犯知识产权

近年来，与网站有关的知识产权争议频繁发生。从争议主体的角度来看，不仅网站之间会发生诉讼，网站与传统媒体之间、传统媒体起诉网站及著作权人起诉网站的诉讼也十分常见。在新闻和信息传播领域，一个显著的问题是，众多商业网站未经授权就擅自使用传统新闻媒体及其网站的内容。针对这一现象，国内曾有23家新闻媒体网站联合采取了强硬措施，对商业网站随意侵犯新闻媒体网站新闻版权的行为表达了强烈的不满，并呼吁社会各界关注并保护网络信息的产权，坚决抵制和制止一切相关侵权行为，共同建立一个规范的网络新闻发布和信息传播体系。

（六）意识形态和文化渗透

现今，因特网几乎将全球各国紧密地联系在一起，这使得网络传媒在文化传播上比传统媒介更为频繁、直接且广泛。由于各国在意识形态、文化背景和生活方式上的差异，传统大众媒体在传播文化时，往往会对国内外信息进行筛选和修改，而媒体所选择报道的内容在很大程度上决定了民众对事实和文化认知的深度。然而，网络传媒打破了个人或政府对媒体的限制，使得任何个人、机构或国家都难以完全掌控它。网络社会作为一个"虚拟世界"，网民在线交流时大多隐匿自己的真实身份、行为模式和目的。因此，来自不同国籍、持有不同意识形态、拥有不同文化背景，以及年龄、经历各异的人都能在此自由地发表意见。因特网也因此成为一个真正的言论"自由之地"，网民可以依据自己的思想观念和道德标准畅所欲言。这种交流方式让人们的思想观念、价值取向及人际关系变得更加复杂多样，从而加大了舆论导向的难度。网络技术所构建的"虚拟社会"在很大程度上改变了人与人、人与社会之间的联系方式。在这种环境下，由于人们的交流和互动高度依赖网络，面对面交往的机会大幅减少，这进而导致人际道德情感的淡漠。在"网络社会"中，网民能够隐藏或伪装自己的真实身份，逃避义务和责任，甚至摆脱传统道德规范的束缚而肆意妄为，这种现象极易导致"无政府主义"和"自由主义"的泛滥。所以，在"网络生活""网络经济"及"网络政治"等领域，传统道德观念已经难以评判与检验行为主体的道德准则。与此同时，网络不断改变着人们的思维方式和价值观，"虚拟社会"的规则正在动摇传统社会的道德根基和行为规范。

借助网络传媒这一平台，人们可以接触到世界各地的多元文化，学习并汲取不同国家和民族的优秀文化精髓，同时借鉴外来文化的精神内涵来丰富和发展本土文化。然而，必须清醒地认识到，一些西方发达的资本主义国家凭借其在网络上的优势地位，对发展中国家和欠发达国家进行文化侵略与渗透。它们不仅通过文艺作品传播西方的民主和自由理念，还通过歪曲事实、编造谎言、散布虚假信息等手段来诋毁其他国家的文化。尽管它们一直声称自己的节目秉持客观公正的原则，但从它们所传递的信息中，可以清晰地看到，西方世界对中国的认知和理解是片面的、不完整的，甚至存在歪曲和丑化的现象。这些国家利用网络之便大肆倾销自己的文化，无视其他国家的实际情况，肆意践踏他国文化，从而加剧了国家之间和地区之间的道德与文化冲突。

网络传媒呈现了一幅多元的文化画卷，各种思想、观念和文化在此交融。如何在这样的多元文化环境中维护我国的文化传统、社会价值和制度，是一个值得深思的问题。

（七）以讹传讹，新闻同质化现象严重

或许由于我国多数网络媒体缺少自有的记者队伍，加之网络新闻报道获取便捷，如今网上原创新闻少见，多为对其他媒体新闻的多次"转载"。这样，网站编辑和记者虽能省时省力，但容易导致以假乱真、谣言扩散，成为网络媒体常见的弊病。不实新闻一旦传出，往往迅速传播，遍地开花。

（八）导航系统失效

近年来，中国网民的数量持续迅猛增长，这一趋势带动了网络版图的拓展与网络信息资源的迅猛增长。各个网络媒体所含的新闻信息量虽然有所不同，但与传统的报纸和广播相比，其信息量之庞大是前所未有的。然而，由于缺乏有效的统一管理，这些信息显得杂乱无章，给人们的针对性阅读带来了诸多困扰。网络新闻传播中的超文本链接虽然能够实现海量信息的快速传播，但也导致了信息泛滥的问题。在有限的时间内，网络媒体的阅读效率甚至低于传统媒体。不少读者在阅读网络新闻时常常会"迷失方向"，即在浏览互联网新闻的过程中，因为频繁跳转而忘记了最初的阅读目的。这种"迷路"现象在读者中相当普遍，很多人经常在网上"漫无目的地游荡"。

从读者的阅读需求出发，无论是传统的报纸媒体，还是新兴的网络媒体，人们真正关注的往往只是其中的部分内容，其余部分则因个人兴趣和需求的不同，在阅读时会被忽略。从信息学的角度来看，这被称为"无效信息"过多，即信息中包含大量与用户不相关的内容。从用户心理感受来说，信息的适度满足是最为理想的状态，也就是说，提供的阅读信息应当适量且充分，否则就会成为阅读的阻碍。网络媒体常常面临无效信息过多和阅读障碍较大的问题。更为严重的是，一些人面对海量信息可能会感到不知所措，进而产生紧张焦虑的情绪，甚至导致精神崩溃；信息过度堆积还可能引发信息危机，使信息像雪崩一样失控；有时，信息的滥用还可能酿成重大事故，引发社会恐慌。

（九）网络新闻语言、网络新闻选题低俗化

网络新闻自问世以来，相较于传统媒体，其"低俗化"趋势更加明显。网络媒体广泛采用逸闻趣事，有时甚至过度滥用，网页上充斥着包装过的"娱乐新闻"和"奇闻怪事"。

作为新媒体，网络媒体为快速吸引受众，常采用娱乐化、煽情化的新闻作为捷径。部分网络媒体为提升知名度和点击率，不惜使用媚俗甚至恶俗的标题来吸引关注。

第二节 新媒体时代网络新闻正能量传播效果的提升

面对网络新闻正能量传播中的种种问题，学者提出了一系列解决方案，旨在减轻其带来的负面影响。当下，网络新闻的发展要充分发挥其传播速度快、覆盖面广等优势，同时积极克服自身不足。政府应加大监管力度，对网络新闻进行合理引导和管理；新闻工作者要坚守职业道德底线，充分利用议程设置功能，积极传播正能量新闻，切实履行好"把关人"的职责；网民则须提升自身的媒介素养，自觉抵制网络上的不良风气。只有政府、新闻工作者和网民三方共同努力，才能抓住构建社会主义和谐社会的有利时机，推动网络新闻事业健康发展，净化网络空间，营造积极向上的舆论氛围，进而促进社会的和谐稳定。

一、网络新闻正能量传播坚持的原则

首先，网络新闻在传播正能量时，必须坚守社会主义核心价值观的指引。当前社会正处于快速发展与深刻变革的关键时期，经济的高速增长促使价值观趋向多元化，社会思想活跃且纷繁复杂。在这样的环境下，培育和践行社会主义核心价值观显得尤为重要。它不仅能充实人们的精神内涵、提升精神境界，还是广大民众的精神支撑和行为准则。确立正确的价值观对整个民族及其成员来说意义深远，毕竟一个民族或个人的发展方向及自我管理能力，在很大程度上取决于核心价值观的引领作用。

踏入新媒体时代，网络技术与移动设备在大众中广泛普及，网络已成为人们日常生活中不可或缺的一部分。人们能够借助各种新媒体工具，随时随地浏览和接收网络新闻。随着社会经济的蓬勃发展，人们的物质生活水平显著提高，在满足基本生活需求后，人们更加向往精神世界的丰富和美好生活的追求。因此，网络新闻在传递信息的同时，也肩负着传递正确价值观、为人们指引方向的使命。正能量是激发个人斗志、增强民族凝聚力与认同感的重要纽带，社会急需正能量，网络新闻应当积极传播正能量。

其次，网络新闻在传播正能量时，应当遵循构建社会主义和谐社会的原则。社会主义和谐社会是一种理想的社会形态，其特征是健全的民主法治、彰显的公平正义、弥漫的诚信友爱、充满活力的社会氛围、井然的社会秩序及人与自然的和谐共处。这种社会形态体现了人民的根本利益，是人类所向往的美好景象。无论是传统媒体还是网络新媒体，都与和谐社会有着紧密的联系，它们相互影响、共同促进，形成了和谐共生、相互依存的关系。为了实现构建社会主义和谐社会的目标，新闻媒体需要通过新闻报道的方式，在全社会广泛宣传并推动这一理念，使广大民众深入理解党和国家的方针政策，进而增强对国家、政府和社会的信心。而新闻媒体工作者不懈追求的最终目标和崇高理想，正是社会主义和谐社会最终实现的安定有序、公平正义等和谐氛围。

当今，网络新闻蓬勃发展，新闻传播方式日趋多元化。公民新闻的迅速兴起为传播和谐社会理念开辟了新途径，促进了民意的直接且高效传达。网络新闻凭借其海量的信息资源及全天候的覆盖，为受众提供了丰富的新闻资讯，使受众能够突破时间与地点的限制，随时随地接收并阅读新闻，这为构建社会主义和谐社会营造了信息充裕的环境。同时，网络新闻具有开放性与互动性的特点，这使得受众的反馈和意见表达越来越受到重视。它鼓励受众积极参与新闻评论，为构建和谐社会搭建了一个便于互动交流的平台。此外，网络新闻还运用多媒体的传播方式，通过灵活多样的传播手段，进一步增强了传播效果，为构建和谐社会增添了更强的感染力和影响力。

在推进社会主义和谐社会建设的过程中，新闻传媒要承担起信息传播者的社会责任，充分发挥其教育与引领的重要作用。当前，社会舆论环境纷繁复杂，不同利益群体发出不同的声音，网络新闻所引发的舆论浪潮具有广泛的社会影响。为了把握并引领社会的主流价值方向，新闻媒体需要通过新闻报道迅速做出回应。新闻媒体应当积极传播和弘扬正能量，尤其要确保正面报道及贴近人民群众情感需求、反映人民根本利益的新闻报道在新闻报道中占据主导地位，从而为构建社会主义和谐社会提供有力的舆论导向，确保舆论环境朝着正确的方向发展。

总体而言，在当前网络环境日趋复杂、快速变化且不断更新的背景下，网络新闻的记者、编辑等从业人员需要具备前瞻性的眼光和敏锐的洞察力，善于利用网络和新媒体的各种优势，灵活采用多样化的新闻报道手段和方法。他们应积极推广充满正能量的新闻报道，坚决抵制负面舆论的影响，努力营造强大的正向主流新闻舆论场，弘扬社会正气，传播积极的价值观，以提升公众的道德素养，净化社会风气及网络环境。只有这样，才能为构建和谐社会创造良好的社会氛围，进一步推进社会主义和谐社会的建设进程，为社会的和谐发展与国家的长期稳定繁荣贡献力量。

二、政府机构角度：完善监督引导机制

（一）加强监管意识，维护网络媒介秩序

随着互联网时代和网络技术的飞速进步，人们的传播活动与社会行为已深深植根于互联网之中。互联网不仅极大地拓宽了人们对世界的认知边界，形成了紧密相连的地球村，同时也以积极或消极的方式不断影响着人们的日常生活。在此背景下，网络产业持续演变，展现出蓬勃的发展态势。为确保网络环境和谐有序，有效管理和净化网络空间，政府及相关机构须加强对网络及网络媒体的监管。为此，政府部门须制定一套全面、细致的法律法规与相关制度，以严格规范网络行为及网络新闻的传播，同时加强网络文化的建设。此外，其他政府部门及

社会各界也应积极响应，采取配套措施，共同助力政府的网络管理工作。众多网络媒体为实现自我约束，已主动联合起来，组建了一个自律联盟，并逐步构建起一套网络行业的自我管理机制。这一机制为网络的健康发展提供了强有力的保障，也为网络媒体行业的良性运作奠定了坚实基础。在此过程中，既重视监督也注重引导，大家共同努力，促使网络环境朝着更健康、有序的方向发展。然而，政府在积极监管时也遇到了一些问题。例如网络管理手段相对单一，管理制度缺乏创新，从而限制了管理效果。此外，网络新闻的管理涉及多个政府部门，这些部门之间存在职能交叉、权限和职责划分不清的情况，难以形成协同管理的合力。

同时，在网络监管的过程中，政府机构应当明确各自的权责范围，清晰梳理职能划分，从而构建一个多层次、全方位的立体监管体系。

首先，要加强对新闻网站及其繁杂内容的监管，确保新闻传播秩序良好。为此，要建立一套完善的机制，用于发现和查处新闻网站上发布的虚假、低俗及违法违规内容，实施严格的网络治理。与此同时，我们应充分利用网络技术的优势，在监督的同时进行引导，确保新闻传播秩序健康发展。其次，为了实现网络媒介秩序的和谐管理，我们有必要营造一个健康的网络传播环境与秩序。为此，我们需要构建一套长效管理机制，并不断更新管理理念，以实现优化、协调和平衡。此外，我们还需要进一步探索和完善将网络新闻法律规范、行政管理与行业自律相结合的管理机制，该机制应彰显中国特色，促进政府、网络媒体和网民之间的良性互动。最后，我们要加强网络文化建设，打造具有中国特色的新闻网络环境，以满足并丰富民众的精神需求。在此过程中，我们应坚守社会主义核心价值观，引领网络正向风气；加强正面引导，营造积极向上的网络氛围；倡导文明上网与办网；坚持依法科学管理，并结合内部与外部监督机制，共同营造一个有序的互联网新闻传播环境。

（二）完善新闻管理，引导网站健康发展

随着互联网技术和网络新闻行业的迅猛进步，我国相关管理部门已出台了一系列旨在规范网络新闻管理的法律法规。然而，现有的法律框架在应对网络新闻管理的新挑战时，仍显露出一定的不足之处。为进一步加强网络新闻的管理，确保其发挥正面传播效能，我国新闻管理部门须采取更为有力的措施。首要之举是加大对重点新闻网站的支持力度，推动其建设与发展，使这些网站能够勇挑重担，成为传播正能量、引领正面舆论、弘扬正确价值观的中坚力量。同时，针对商业网站的新闻频道及其他新闻网站，须强化监管力度，确保其新闻传播内容符合规范。在此基础上，我们应当积极地去探索并借助微博、微信及移动新闻应用等新媒体渠道，充分利用这些平台广泛传播正能量新闻，同时加强对社会主义核心价值观的宣传与推广。只要秉持正确的价值导向，我们就能有效地引导网络舆论向积极、健康的方向迈进，吸引更多受众的关注，并促使社会各界达成广泛的共识。这些努力的目的在于构建一个多元化渠道、内容丰富且全面的网络新闻生态体系，实现从数量、质量到传播效果的全面提升。此外，提高网络新闻的技术和业务水平同样至关重要。我们需要不断完善互联网新闻事业的发展格局，确保网络新闻在报道内容、技术手段和传播效果上均达到最优状态。

为了保障新闻网站的良性发展，我们需要全面管理各类新闻发布平台，涵盖的内容包括重要的新闻网站、商业门户网站、其他各类新闻站点及个人自媒体平台。同时，我们需要不断完善相关法律法规体系，并逐步推行新闻网站记者的资格认证制度。针对商业网站新闻频道的采访权限及编辑团队的构建问题，我们还需要进行更加深入的探讨与研究。此外，我们要加强行业内部的自律，同时引入外部的公众监督机制，以确保网络新闻信息源的合法转载，规范非新闻单位网站的新闻发布行为，从而推动市场化供稿体系不断向前发展和完善。

在网络新闻管理方面，我们需要持续优化，强化网络媒体的自我管理和约束，针对新闻报道中的不良现象进行整改，并充分发挥网络新闻管理部门的领导作用。在新闻内容管理上，疏导被视为一种有效的策略，对于来源不清、信息不全、缺乏确凿证据的新闻，应避免盲目转发，而是采取删除、审核、过滤、封禁等措施，构建一套完善的多层次管理机制。

三、媒体从业者角度：承担新闻媒体责任

（一）维护网络新闻的真实性

真实性是新闻的灵魂，也是网络媒体获取公众信赖的基石。确保新闻真实是新闻工作的首要任务，坚持这一点是我国新闻界的根本原则，体现了新闻事业的本质。新闻报道应全面、真实地展现事件，揭示真相，确保观众接收到的信息准确无误，彰显媒体的高度责任感。

在当今社会，新闻自由被广泛倡导，但这一自由必须被严格界定，不容许媒体随意编造、篡改、歪曲或炒作新闻内容。新闻报道的核心在于保持客观、公正与平衡，这一原则不仅适用于传统媒体，在网络新闻领域也同样重要。网络新闻

的发布者和传播者在日常工作中必须坚守新闻的真实性与客观性，致力于传播正面新闻，以产生积极的社会影响。在新媒体时代，网络新闻凭借其海量性和即时性提供了丰富的信息来源，但与此同时，新闻的可信度也有所降低，多元价值观的出现更是让受众的价值观和道德素养面临挑战。面对这样的媒体环境，网络记者、编辑等网络媒体从业者亟须加强自律，提升媒介素养和职业道德，以务实求真的态度严格核实新闻来源，确保每条新闻的真实性和可信度。他们不应迎合受众对低俗新闻的猎奇心理，也不能为了追求轰动效应、点击率或经济利益而歪曲事实、编造虚假新闻。同时，他们还要避免为了营造正能量而炒作虚假新闻、夸大事实，或在未经核实的情况下进行主观臆断和二次传播。为了强化新闻媒体作为"把关人"的角色，从业者应确保新闻的发布与传播既真实又客观。只有坚持讲真话，传递真实客观的新闻报道，才能赢得受众的信任，从而实现正能量的有效传播。

（二）强化网络媒体的引导性

随着网络影响力的迅速提升，网络新闻媒体所承担的社会责任变得前所未有的重要。新闻媒体作为大众传播的关键渠道，不仅负责向公众传递新闻信息，还肩负着教育和引导的重任，对人们的价值观产生深远影响，与受众的成长方向和社会风气的形成紧密相连。在当前价值观多元化的背景下，人们的价值观和社会思潮变得复杂多变，这在一定程度上导致价值观的混乱和社会思潮的纷扰。而网络媒体作为社会舆论的放大器，通过议程设置功能，加强对正能量的宣传与报道，能够在宏观层面帮助网民树立健康、正确的人生观和价值观，引导网民的舆论和行为走向理性。当正面的价值导向成为社会主流时，更多的受众会自然而然地倾向于接受正能量的价值观。特别是在当前我国经济快速发展、社会思潮繁杂、价值观多元的新媒体环境下，新闻媒体，尤其是网络新闻媒体，更要切实承担起正确引导舆论的社会责任，努力缓和社会矛盾，维护社会稳定，为经济发展营造有利的社会环境。因此，网络媒体应加大对社会主义核心价值观的传播力度，重点新闻网站和商业网站在新闻传播中要坚守正确的价值取向，积极传播积极向善、奋发向上的正能量，引导网络舆论向正确方向发展，展现当代社会的主流风貌，反映社会的积极面，体现人民群众的心声，满足受众对"真善美"新闻的需求。同时，网络新闻从业者应不断创新正能量新闻的报道方式和传播手段，设立正能量新闻专题，策划互动话题，增加温暖人心的新闻报道，妥善平衡媒体责任与经济利益的关系。此外，还应及时收集和分析网络舆情，提升媒体的公信力，汇聚社会正能量，充分发挥网络媒体的正面引导作用，为社会的稳定发展和网络传播环境的健康有序积极贡献力量。

（三）坚守新闻传播的道德性

在新媒体时代的浪潮中，网络新闻媒体应当秉持正确的传播导向，确保新闻报道的传播既符合社会整体利益，又满足广大受众的需求，同时严格遵循国家法律法规。媒体从业者应坚守职业道德，加强道德自律，秉持正义感和社会责任感，致力于推送优质、积极的信息，承担起净化网络传播环境的重任。当前，网络上遍布着大量低俗、媚俗、庸俗乃至虚假的新闻，这往往是网络媒体为了追求经济利益而采取的短视行为。网络新闻中的"三俗"现象，实际上是在迎合网民对猎奇、另类、轰动和刺激的心理需求，特别是在自媒体和"公民新闻"蓬勃发展的背景下，这种现象更加突出，问责的难度也随之提升。这不仅对专业新闻媒体的新闻生产和传播造成了深远影响，也阻碍了正能量的有效传递，导致网络新闻媒体在公众心目中的信任度大幅下降。对此，网络媒体必须勇于承担起自身责任，不容推诿。

在履行网络媒介职责的过程中，我们绝不能忽视那些基本准则的重要性。一个优秀的网络新闻媒体，以及一名出色的网络新闻记者或编辑，都必须坚决守护新闻传播的道德底线和社会公共秩序的基本准则。他们应当积极推动新闻专业精神的发展，通过不断学习和自我提升，增强自身的新闻专业素养，并强化职业道德规范与自律意识，勇敢地承担起新闻媒体的社会责任。此外，网络新闻编辑的把关作用也需要得到加强。在新闻稿件的再次传播过程中，编辑应严格进行审核、筛选、选择和调整，确保新闻内容的真实性和适宜性。他们应当树立正确的传播价值观，坚持正面的舆论导向，积极维护网络新闻媒体的信誉和公信力。他们应当大力弘扬"真善美"的正能量精神，用饱含真情实感且积极向上的新闻报道来传递正能量，以高度负责的态度推动社会的和谐发展。

（四）利用好微平台的便捷性

自 2010 年以来，微博、微信等社交媒体如雨后春笋般不断涌现，为互联网的发展注入了新的活力。到了 2013 年，移动新闻客户端的问世更是将媒体间的竞争推向了一个新的高潮。微平台上的新闻传播迅速在网络空间中占据了主导地位，它不仅是网民获取新闻信息和服务的关键渠道，还在全社会弘扬正面价值观、传递正能量方面扮演着重要角色。通过智能手机和平板电脑等移动设备，受众能够随时随地浏览并评论正能量新闻，从中感受到温暖与感动。新媒体工具因其开放性、互动性、便捷性及低成本的特点，为公民参与新闻传播提供了前所未有的便利。在这个"人人都能发声"的时代，每个人都能够成为新闻的传播者，随时随地分享自己身边的正能量故事。

所以，在新媒体时代的大背景下，网络媒体从业者不仅要更加重视新闻网站的正能量传播，还要特别关注微博、微信及移动新闻客户端等微平台上的正能量新闻传播。在微平台时代，用户与内容同样关键，关键在于提供高品质的内容以吸引用户，确保正能量得到有效传递。网络新闻编辑应充分利用微平台的便捷性，发挥媒体自身的独特优势，精心选择正能量报道的主题，并巧妙融合网络的多媒体特性，做好正能量新闻的精准推送。在新媒体领域和微平台上传播正能量时，媒体从业者必须紧跟国家政策，把握时代发展趋势和社会变迁，提升新闻的甄别与判断能力，成为正能量的引领者。同时，他们还须遵循传播规律，确保舆论导向正确，弘扬社会主旋律。此外，加强媒体间的协同合作，运用互联网思维，共同奏响正能量的宏伟乐章，这也是必不可少的。

四、网民受众角度：提高自身媒介素养

（一）提高网民媒介素养

我国互联网普及广泛，网络新媒体蓬勃发展，这使得网络新闻行业迎来了前所未有的繁荣，同时也让提升网民媒介素养变得日益重要。媒介素养，简而言之，就是媒介受众理解、批判并有效利用各类媒介信息，以促进个人成长和社会发展的能力。在新媒体时代，网民的新媒体素养包含多个方面：从掌握网络基本操作，到能够获取、甄别、分析网络信息；从学会网络信息的发布与再传播，到培养理性参与网络活动的素养，这些都是不可或缺的。然而，在新媒体环境下，网络媒体信息发布者众多且复杂，海量的新闻信息常常让网民感到困惑。此外，由于网民在教育程度、知识结构等方面存在差异，他们的新媒体素养水平也参差不齐。部分网民对网络新闻缺乏批判性解读能力，容易受到网络负面信息的影响。因此，为了实现网络新闻正能量的有效传播，提升网民的新媒体素养迫在眉睫，特别是要增强他们对主流媒体和主流价值观的分析与理解能力。这不仅是提升公众社会责任感、促进公众积极履行社会责任的有效途径，也是确保网络新闻正能量传播取得良好宣传效果的关键。只有当网民的新媒体素养得到全面提升，他们才能更加理性地面对海量的网络信息，网络新闻的正能量传播也才能充分发

挥其影响力，达到预期的宣传效果。

（二）培养理性的网络公民

在虚拟的网络空间里，言论具备一定的隐蔽性和自由度，所以网民在网上发表观点时常常不太考虑社会影响。在网络新闻当中，匿名状态下的言论自由，在很多情况下沦为网民宣泄对社会的不满、传播负面情绪的途径。基于此，网民应该持续提高自身修养，努力成为理性、自律、高素质且有责任感的网络公民。在发布信息和言论的时候，要秉持负责任的态度，理性地参与社会公共事务的讨论。同时，要积极防止正能量受到负面效应的冲击，共同维护网络空间的纯净与和谐。

网民需要加强自我约束，做到文明上网。网络在信息传播、社交互动、工作学习、生活娱乐等多方面为人们提供了便利，网民应积极、合法且适度地利用这些网络资源和技术。同时，网民应主动抵制低俗、庸俗、媚俗的网络风气，将净化网络生态环境视为己任。此外，网民还须持续提升个人的道德修养和文化素养，致力于营造并传播文明、健康、积极且充满正能量的网络氛围，共同打造一个和谐美好的精神家园。

身为网民，我们要遵守道德规范，努力成为高素质的网络参与者。由于网络平台对所有人开放，任何人都能发布信息和言论，且这些言论在网络环境中的影响力被极大地放大，因此我们更须严格遵守网络道德规范，不断提升个人的知识水平与文化素养。网民必须对自己的言论及所传播的内容负责，严格把关，勇于承担社会责任。在接触到正能量新闻时，我们要自觉约束言行，防止被逆反心理所左右，盲目质疑正面报道的真实性。在发表评论时，应秉持文明、理智的态度，客观反映事实，避免使用情绪化的言辞。

总体而言，提升网民的自律能力、增强网民的媒介素养，对于网络新闻正能量的传播具有至关重要的意义。只有当网民的媒介素养得到提高，愿意主动接纳并传播正能量新闻时，我们才能够共同营造积极的舆论氛围，维护一个健康、有序的网络空间，进而更高效地实现正能量传播的目标。

参考文献

[1] 杜园春. 基于新媒体平台的数据新闻传播策略研究 [J]. 传播与版权，2024（8）：5—7.

[2] 邓旭. 新媒体时代下人工智能在新闻传播中的伦理问题与应对策略研究 [J]. 传播与版权，2024（8）：88—90.

[3] 吴婷婷. 新媒体环境下的微纪录片创作题材与手法分析 [J]. 中国传媒科技，2024（4）：68—71.

[4] 禹广乐. 新媒体环境下广告传播的经营策略研究 [J]. 中国传媒科技，2024（4）：76—79.

[5] 张丹. 融媒体时代新媒体图书出版表现形式的创新途径 [J]. 中国传媒科技，2024（4）：125—128.

[6] 赵宇晴. 智能推荐算法对新闻阅读偏好与舆论形成的影响 [J]. 中国传媒科技，2024（4）：150—154.

[7] 房雪，边微. 新媒体广告的创意与传播 [J]. 采写编，2024（4）：171—173.

[8] 李金凤. 媒介融合对新闻报道的影响与改变：以移动互联网为例 [J]. 采写编，2024（4）：17—19.

[9] 徐双双. 新媒体时代下的新闻传播理论与实践研究 [J]. 采写编，2024（4）：87—89.

[10] 龙方明. 新媒体环境下纸质图书出版的机遇与转型 [J]. 中华纸业，2024，45（4）：134—136.

[11] 张学颖，唐宗顺，邬小梅，等. 数字化时代主流媒体短视频新闻的传播策略研究 [J]. 传播与版权，2024（7）：5—7.

[12] 张雪霏，陈雪峰. 传统新闻实现融媒体传播的路径探索 [J]. 传播与版权，2024（7）：50—52.

[13] 徐枫. 广播电视新闻编辑"融"能力提升策略研究 [J]. 新闻研究导刊，2024，

15（7）：113—116.

[14] 赖文丽. 新媒体时代传统电视新闻编辑的创新与发展策略研究 [J]. 新闻研究导刊，2024，15（7）：109—112.

[15] 郭赛. 新媒体时代编辑人才的内涵与基本素质探析 [J]. 新闻研究导刊，2024，15（7）：233—236.

[16] 董志芳. 手机二维码参与新闻传播的利与弊探究 [J]. 新闻研究导刊，2024，15（7）：66—68.

[17] 魏辉. 新媒体时代农产品电商直播高质量发展策略研究 [J]. 当代农村财经，2024（4）：52—56.

[18] 徐凤兰，应中迪. 智媒时代虚拟新闻主播的传播实践与未来进路 [J]. 新闻世界，2024（4）：41—44.

[19] 张磊. 新媒体在广播电视新闻传播中的应用 [J]. 新闻传播，2024（7）：45—47.

[20] 杨晓. 传统电视媒体与新媒体融合发展的转型战略分析 [J]. 新闻传播，2024（7）：60—62.

[21] 金一丁，刘彬. 新媒体采编素养的要求与提升 [J]. 新闻传播，2024（7）：93—95.

[22] 秦军. 浅谈融媒体时代新闻传播特点与创新路径 [J]. 记者摇篮，2024（4）：87—89.

[23] 蒋国彬. 浅谈新时代报纸在推动新闻传播中的作用 [J]. 记者摇篮，2024（4）：144—146.

[24] 潘慧芳. 新媒体时代体育营销的发展策略 [J]. 记者摇篮，2024（4）：54—56.

[25] 郝丽敏. 新媒体时代新闻采编水平提升的路径研究 [J]. 记者摇篮，2024（4）：66—68.

[26] 李芳艳. 融媒体背景下电视新闻制作技术创新探讨 [J]. 记者摇篮，2024（4）：108—110.

[27] 石琳. 媒体融合视野下电视新闻记者角色转型探究 [J]. 记者摇篮，2024（4）：117—119.

[28] 田昊玉. 新媒体时代电视新闻播音主持创作样态的发展力展现 [J]. 记者摇篮，2024（4）：42—44.

[29] 胡正荣. 互联网 30 年与新闻传播学颠覆式创新 [J]. 新闻与写作，2024（4）：1.

[30] 林静 . AI 绘图技术对新媒体传播的影响及应用分析 [J]. 传播与版权，2024
（6）：46—48.

[31] 李春华 . 传统媒体记者如何应对新媒体时代带来的机遇和挑战 [J]. 中国地市
报人，2024（3）：101—103.

[32] 卢鸿飞 . 新媒体视域下广播电视新闻媒体的融合发展与应对 [J]. 中国地市报
人，2024（3）：109—110.

[33] 王艳 . 数字化时代新闻与短视频互动策略 [J]. 中国地市报人，2024（3）：
78—80.

[34] 杨慧霞 . 新媒体背景下传媒人才素养需求及其对应策略 [J]. 国际公关，2024
（6）：185—187.

[35] 梁琪曼 . 新媒体时代主流媒体新闻传播的创新模式研究 [J]. 国际公关，2024
（6）：137—139.

[36] 陈建新，任丙超，杜思源 . 新闻传播媒介在脱贫攻坚与乡村振兴中作用研究
[J]. 农业技术经济，2024（3）：145—146.

[37] 于世畔 . 新闻传播中的语言表达与沟通效果研究 [J]. 新闻研究导刊，2024，
15（6）：9—12.

[38] 邢恺 . 新媒体背景下太行精神传播路径探析 [J]. 新闻研究导刊，2024，15
（6）：25—27.

[39] 徐苞俊 . 基于媒体融合时代的时政新闻新媒体传播研究 [J]. 新闻研究导刊，
2024，15（6）：93—96.

[40] 植凤仙 . 新时代下新闻传播渠道的多元化探索 [J]. 卫星电视与宽带多媒体，
2024，21（6）：82—84.

[41] 刘文松 . 融媒体环境下广播电视新闻节目的互动传播探索 [J]. 新闻传播，
2024（6）：94—96.

[42] 叶丹 . 全媒体时代电视新闻短视频化发展路径研究 [J]. 广播电视信息，2024，
31（3）：22—24.

[43] 侯宁 . 融媒体环境下新闻宣传策划路径探析 [J]. 中国传媒科技，2024（3）：
84—87.

[44] 刘昊宁 . 人工智能技术在新闻传播领域的应用研究 [J]. 国际公关，2024（5）：
122—124.

[45] 孙志丹 . 浅谈广电媒体融合发展路径 [J]. 记者摇篮，2024（3）：132—134.

[46] 霍智光 . 广播电视在新媒体时代的发展策略 [J]. 卫星电视与宽带多媒体，

2024，21（3）：25—27.

[47] 张亚萍．广播电视播音主持与新媒体融合探讨 [J]．中国报业，2024（1）：
148—149.

[48] 孙晓涵．数字化时代新闻传播的发展方向研究 [J]．新闻研究导刊，2024，15
（1）：8—10.

[49] 黄孝金．官方新媒体在网络舆情中的功能及应对探究 [J]．新闻研究导刊，
2024，15（1）：82—84.